생성형 AI를 주무르는 최상위 일잘러들의 커리어 생존 전략

당신이 떠는
AI 워커스

김덕진 · 김아람 지음

21세기북스

AI 워커스, 우리 모두의 이야기

김덕진 소장

우리는 지금 AI라는 거대한 변화의 물결 앞에 서 있습니다. 매일 쏟아지는 AI 관련 뉴스들, 새로운 AI 서비스와 제품들. AI는 어느새 우리 삶의 모든 영역에 스며들었습니다. 하지만 많은 분들이 아직 AI를 낯설고 두려운 존재로 여기고 있습니다. AI가 나의 일자리를 뺏어 가지는 않을까? AI를 배우기에는 너무 늦은 것 아닐까? 하는 걱정 어린 목소리를 자주 듣습니다. 대학에서 AI 강의를 하고 기업에서 컨설팅을 하며, 방송과 강연을 통해 많은 분들과 소통하는 IT 커뮤니케이터로 활동하면서 저는 이런 걱정과 두려움을 수없이 마주해 왔습니다. 그럴 때마다 이렇게 말씀드리게 됩니다.

"AI는 우리의 적이 아닙니다. AI는 우리의 업무를 더 효율적이고 빠르게 할 수 있도록 도와주는 인턴사원이자 파트너입니다."

우리가 해야 할 일은 AI를 두려워하거나 회피하는 것이 아니라, AI와 함께 일하는 법을 배우는 것입니다. AI의 힘을 이해하고, 그 힘을 업무에 활용할 줄 알아야 합니다. 그것이 바로 'AI 워커스'의 자세입니다. 이 책『AI 워커스』는 여러분이 그런 AI 워커스로 거듭나는 데 필요한 것들을 담고 있습니다.

이 책은 AI에 대한 이론적 지식을 전달하는 데 그치지 않습니다. 마케터, 기획자, 디자이너, 개발자, 창작자 등 다양한 분야의 구체적 사례를 통해, AI를 업무에 활용하는 실질적인 방법과 노하우를 알려드립니다. 이 책을 읽으며 여러분은 AI가 우리의 능력을 한 단계 더 업그레이드해주는 강력한 도구라는 것을 깨닫게 될 것입니다. 이를 위해 10년 이상 저와 함께 전략 컨설팅 비즈니스를 진행해온 김아람 책임과 함께 다양한 회사의 일하는 방식들을 구조화한 뒤 이를 생성형 AI와 함께 일하는 방법론으로 녹여내어 AI와 함께 일하는 방법을 제시하였습니다. 지난한 작업을 끝까지 묵묵히 함께 해준 김아람 책임에게 깊은 감사의 인사를 드립니다.

지난 1년 반의 시간은 저에겐 그 어느 때보다도 숨 가쁘게 달려온 시간인 것 같습니다. 챗GPT의 등장과 함께 희망과 고통, 기대와 두려움 속에서 AI를 만나고 있는 다양한 분들의 이야기를 듣고 소통해왔습니다.

이를 통해 얻은 단순하면서도 의미 있는 통찰은 결국 AI의 발전을 두려워할 것이 아니라, 우리가 어떻게 AI와 협업할 것인지를 고민해야 한다는 것입니다. AI는 우리의 창의력과 전략적 사고를 보완해주고 증폭시켜줍니다. 우리는 AI의 그 힘을 잘 활용함으로써, AI 시대를 주도하는 인재, 즉 'AI 워커스'가 될 수 있다는 것입니다.

그러기 위해서는 해봐야 합니다. 써봐야 합니다. "해보니까 되던데요"라는 말이 그 어느 때보다도 잘 어울리는 시대가 AI 워커스의 시대입니다.

첫 걸음을 내딛는 것에 두려움을 느끼시는 분들을 위해 이 책을 쓰게 되었습니다. 『AI 워커스』는 다양한 비즈니스 현장에서 AI를 실제로 적용할 수 있는 구체적인 사례와 방법을 담고 있습니다. 이 책의 목적은 단순히 AI 기술을 소개하는 것을 넘어, 실제 업무에 적용할 수 있는 실질적인 지침서가 되는 것입니다. 누구나 쉽게 따라할 수 있는 방법을 제시하고, 각자의 업무에 맞는 AI 활용법을 찾을 수 있도록 도와드리겠습니다.

AI는 우리가 원하든 원하지 않든 우리의 곁에 다가오고 있습니다. 여러분이 소속되어 있는 사회, 집단, 기업에 따라 그 물결은 잔잔한 호수 같기도 할 것이고, 거친 파도처럼 맞고 있는 분도 계실 겁니다. AI의 물결은 이미 우리 앞에 와 있습니다. 중요한 것은 우리가 이 물결을 어떻게 타는가 하는 것입니다. 이 책이 여러분이 AI의 물결을 자신 있게 헤쳐 나가는 든든한 동반자가 되어줄 것을 믿어 의심치 않습니다. AI와 함께 새로운 미래를 만들어가는 여정에 여러분을 초대합니다! 함께 AI 워커스로 성장해나갑시다!

이미 진행 중인 미래

김아람 책임연구원

2022년 11월 30일, 세상이 바뀌었습니다. 챗GPT가 세상에 공개된 그 날, 우리는 모두 AI 혁명의 한가운데로 뛰어들었죠. 어떤 이들은 환호했고, 또 다른 이들은 두려워했습니다. 하지만 한 가지 분명한 것은, 우리 모두가 이 변화의 파도에 올라탈 준비가 되어 있지 않았다는 겁니다.

AI가 내 일자리를 뺏을까? 난 이제 쓸모없는 사람이 되는 걸까? 이런 걱정들이 우리 마음속에 자리 잡았습니다. 하지만, 최근 2년여간 생성형 AI를 활용하면서 확실히 느낄 수 있었습니다. AI는 우리의 적이 아닙니다. 오히려 우리의 가장 강력한 협력자가 될 수 있습니다. 그리고 지금, 여러분의 손에 들린 이 책은 그 협력자를 제대로 활용하는 방법을 알려주는 지침서입니다.

AI는 우리의 일상을 더욱 편리하게 만들어주는 도구일 뿐입니다. 다만, 이 도구를 제대로 활용하기 위해서는 올바른 방법으로 접근해야 합니다. 그 핵심은 바로 '질문'에 있습니다. AI 시대에는 질문을 잘하는 능력이 곧 경쟁력이 됩니다. 이 책에서는 AI에게 어떻게 질문해야 하는지, 프롬프트 엔지니어링의 다양한 기법을 담았습니다. 특히 나열식으로 개별 기법을 소개하기보다는 조금 더 체계적으로 분류해 다양한 접근 방법을 이해할 수 있도록 구성하기 위해 노력했습니다.

하지만 질문하는 법을 아는 것만으로는 부족합니다. 진정한 'AI 워커스'가 되기 위해서는 자신의 업무를 정확히 이해하고, 그에 맞는 AI 활용 방법을 찾아내는 것이 가장 중요합니다. 이 책의 3부에서는 다양한 직군별로 AI를 활용한 업무 혁신 방법을 제안하고, 실제 워크플로에 AI를 적용하는 방법을 상세히 설명합니다. 기획자, 마케터, 개발자, 그리고 1인 크리에이터까지, 업무 분야에서 AI를 활용해 업무 효율을 200% 높이는 비법을 발견하게 될 것입니다.

이 책을 쓰면서 가장 고민했던 것은 '어떻게 하면 독자 여러분의 실제 업무에 도움이 될 수 있을까?'였습니다. 단순한 이론이나 추상적인 개념보다는, 여러분이 당장 내일부터 적용할 수 있는 실용적인 팁과 전략을 담고자 노력했습니다. 프롬프트 하나가 아닌, 여러분의 업무 워크플로를 면밀히 분석하고, 그에 맞는 프롬프트의 흐름을 만드는 것이 중요하다는 것을 말씀드리고 싶습니다. 이를 통해 여러분은 '적게 일하고 많이 버는' 진정한 AI 워커스로 거듭날 수 있을 것입니다.

이 책을 위해 함께 머리를 맞대고 집필해주신 김덕진 소장님께 감사드립니다. 제 커리어의 중요한 부분마다 조언을 아끼지 않으시고 이끌어주신 덕분에 벌어먹고 삽니다. 소장님의 끈기와 실행력, 산업을 보는 인사이트는 언제나 저에게 영감이 됩니다. 손지연 팀장님의 덕도 많이 보았습니다. 바쁘다는 핑계로 늘 정신이 없는 저와 바깥세상의 사이에서 때로는 식사도 잊어가며 조율하고 제가 제대로 일할 수 있도록 애써주셔서 감사하고 또 죄송합니다.

이 책이 나올 수 있도록 큰 도움을 주신 21세기북스 관계자 여러분들께도 감사드리고 싶습니다. 실용적이면서도 너무 가볍거나 흔하지 않고, 인사이트를 담으면서도 너무 무겁지 않기를 바랐는데, 저희가 고민한 지점을 담아내기 위해 노력해주셨습니다. 덕분에 저희의 고민이 멋진 책의 형태로 독자 여러분을 만날 수 있게 되었습니다.

AI는 우리의 미래를 바꿀 것입니다. 하지만 그 미래를 만들어가는 것은 결국 우리 자신입니다. 이 책이 여러분에게 AI 시대를 헤쳐 나갈 나침반이 된다면 좋겠습니다. 함께 배우고, 성장하며, 더 나은 미래를 만들어가기를 바랍니다.

1부

당신이 생성형 AI를 잘 못 쓰는 이유

2부

우리는 AI에게 무엇을 이야기해야 하는가

3부

AI 워커스 트랜스포머, 일잘러로 레벨 업!

4부
AI와 함께 살아가기, 당신의 미래 지침서

1부

당신이 생성형 AI를
잘 못 쓰는 이유

1장

AI 상용화 원년 밝았다: DX를 넘어 AX로

모든 산업에 스며들고 있는
인공지능

AI, 완성된 혁명

AI 광풍의 시대입니다. 어디를 가든 인공지능 이야기가 빠지지 않고 나옵니다. 제가 근무하는 여의도에서는 평범한 직장인들의 저녁 시간 잡담에서도 인공지능이라는 말이 빠지지 않고 등장합니다. 생성형 AI가 과연 우리에게 어느 정도의 영향을 미칠 것인지에 대해서 투자적인 관점에서 이야기를 하기도 하고, 직업적인 관점에서는 미래에 대한 걱정과 고민을 하기도 합니다.

때로는 AI를 활용하는 능력이 뒤처질까 걱정하는 푸념 섞인 이야기도 쉽게 들을 수 있습니다. AI를 꼭 써야 하는지, 회사에서는 AI를 왜 이렇게 강조하는지, 불평과 짜증이 섞인 목소리를 계속 듣다 보면, '편하게 밥 먹기도 쉽지 않구나'라는 생각을 하게 되는 여의도의 저녁 시간입니다.

생성형 AI라고 하는 것이 우리에게 다가온 것이 2년이 채 되지 않았습니다. 2022년 10월, 벼락처럼 우리의 일상에 생성형 AI가 갑자기 떨어졌습니다. 인공지능 연구 비영리단체인 오픈 AI가 한 세미나에서 발표한 챗GPT가 이렇게까지 전 세계를 바꿔놓을 것이라고는 그 당시에 아무도 생각하지 못했죠.

이후 2023년 한 해 동안 우리는 수많은 시도를 했습니다. 전 세계에서 생성형 AI가 어떻게 우리의 삶에 영향을 미치고 또 비즈니스에는 어떤 변화를 가져올 것인가에 대한 많은 연구들이 있었습니다. 다양한 시도들도 있었죠. 인공지능 언어 모델을 자체적으로 제작하려고 하는 회사들이 늘어났고, 지금 시장에 공개되어 있는 생성형 AI를 응용해서 자신만의 제품이나 서비스를 만들 수 있을지 고민하는 기업들이 많아졌습니다. AI를 기반으로 한 다양한 스타트업들도 폭발적으로 늘어났습니다.

구분	인터넷	모바일	인공지능
최초 기술 개념	1983년 미 국방부 ARPA net 개방	1993년 IBM 사이먼 출시	2017년 트랜스포머 등장
혁신적 구현 사례	1989년 월드와이드웹 출시	2007년 아이폰 출시	2022년 챗GPT 출시
핵심 요소	연결성	이동성	창의성
정보 교류 변화	거리의 제약 제거	장소의 제약 제거	생산의 제약 제거

새로운 기술들의 등장과 혁명 사례
출처: 비즈워치, https://news.bizwatch.co.kr/article/industry/2023/12/29/0026

2024년이 되면서 우리는 본격적인 생성형 AI 시대를 맞이하게 됩니다. 다시 말하자면, 2024년은 생성형 AI가 실제 비즈니스를 만나기 위한 원년이라고 말할 수 있을 것 같습니다. 새로운 IT 기술이 등장하면 그 기술은 바로 사람들에게 적용되지 않습니다. 어느 정도의 허들이 등장하고, 적응하는 시간이 반드시 필요하기 때문입니다.

세상을 바꾼 다양한 기술들이 있었죠. 1983년에 최초로 인터넷이라는 개념이 등장했습니다. 미 국방부에서 군사용으로 아르파넷(ARPA net)이라는 것을 활용하기 시작했는데 그것이 인터넷 개념의 시초가 되었습니다. 대중들에게 잘 알려진 인터넷은 '따따따'라는 별명을 얻은 월드와이드웹(WWW)으로, 1989년에 출시되면서 전 세계적인 유명세를 타게 되었습니다.

월드와이드웹의 출연은 인터넷이라고 하는 새로운 기술을 대중들이 조금 더 구체적으로 인식할 수 있게 되는 계기가 되었습니다. 그야말로 일상 안으로 들어와 '손에 잡히는 기술'로서 작동할 수 있었던 것이죠. 인터넷 웹브라우저를 통해 우리는 다양한 사람들과 연결될 수 있습니다. 거리의 제약을 제거한 '인터넷'이라는 존재는 전 세계의 사람들을 실시간으로 연결하는 연결성을 그 핵심 요소로 확산되었습니다.

인터넷 이후, 우리의 삶을 완전히 바꿔놓은 또 한 번의 변화가 있었습니다. 바로 모바일 시대의 등장입니다. 모바일이라는 기술의 초창기 개념은 1993년으로 거슬러 올라갑니다. IBM이 사이먼이라고 하는 도구를 개발한 때입니다. 그 이후부터 우리가 알고 있는 다양한 형태의 휴대형 기기들이 등장하기 시작했습니다. 예를 들면 PDA나 PDP 같은 형태로 '들고 다니면서' 사용할 수 있는 기기들이 등장한 것입니다.

결정적으로 모바일 기술이 대중적으로 받아들여진 것은 2007년입니다. 애플의 아이폰이 등장했고, 그를 기반으로 한 플랫폼 비즈니스와 수많은 애플리케이션이 쏟아지게 되었습니다. 더 이상 컴퓨터 앞에서만 일하는 것이 아니라 언제 어디서든 일할 수 있는 현실이 우리에게 다가왔습니다. 이른바 '이동성'이라는 것이 생긴 것입니다. 장소에 구애받지 않고 정보를 교류할 수 있는 환경이 구축되면서 우리는 어디서든 일할 수 있고 어디서든 함께할 수 있는 모바일 시대를 맞이하게 되었습니다. 이 모바일 시대와 함께 등장한 것이 모바일 네이티브라고 불리는 세대들입니다.

이 두 가지 기술의 변화처럼, 인공지능의 변화 역시 처음부터 많은 사람들을 직접적으로 움직이게 하지는 못한 것으로 보입니다. 우리가 최근에 이야기하는 생성형 AI 역시, 챗GPT에 앞서 2017년에 구글의 논문이 기반이 된 기술입니다. "Attention is All You Need"는 당시 구글에서 근무하던 8명의 과학자들이 발표한 논문으로, '트랜스포머(Transformer)'로 알려진 새로운 딥 러닝 아키텍처에 대해 다루고 있습니다. 지금 챗GPT의 가장 기본적인 구조가 되는 모델이 그 당시에 등장한 개념인 것이죠.

5년 동안 구글을 비롯한 많은 연구자들이 AI 연구를 수행했지만 그 결과들은 대중들에게 제대로 전달되지 못했습니다. 대부분 실험실에서 진행된 연구에 가까웠기 때문입니다. 그러다가 2022년 11월, 스타트업에 불과했던 '오픈AI'라는 단체가 빅테크 기업들을 대상으로 한 연구 콘퍼런스에서 '한번 써보시라'라고 실험적으로 내놓은 것이 바로 챗GPT입니다.

챗GPT는 등장과 함께 전 세계에 큰 반향을 불러일으켰습니다. 출시 이

후, 단 5일 만에 이용자 100만 명을 달성한 것입니다. 기존에 가장 빠르게 100만 명의 이용자를 유치한 것으로 놀라움을 안겼던 인스타그램조차 이용자 수 달성에 2.5개월이 걸렸던 것을 보면, 그야말로 '광풍'이라는 표현이 어울리는 성장세입니다.

생성형 AI, 특히나 챗GPT는 인간의 창의성이라는 것이 무엇인가에 대한 근원적 질문을 내놓았습니다. 인간이 마구잡이로 던지는 다양한 질문에 그럴듯한 대답을 만들어내는 생성형 AI를 보면서 많은 이들이 '창의성'이라는 단어를 떠올린 것은 자연스러운 일이었습니다. 실제로 챗GPT를 접한 후 많은 대중들은 인간들이 할 수 있었던 기획이나 창작, 생산에 있어서의 제약을 드디어 기계가 넘어선 것이 아닌가 하는 생각을 하게 되었습니다. 또한 그 동안 인간의 능력 범위라고 생각했던 업무 분야에서 생성형 AI가 도입되기 시작하면서 일에 대한 개념은 상당히 빠르게 변화하고 있습니다.

지능형 자동화의 확장

그럼에도 AI가 만들어낸 변화를 체감하는 사람과 그렇지 않은 사람들이 갈리고 있는 것 같습니다. 그 이유는 무엇일까요? 이는 빅테크 기업들의 전략적인 변화 그리고 콘텐츠 기반 비즈니스의 특징이 만들어내는 상황이라고 말씀드릴 수 있을 것 같습니다.

2016년, 알파고와 이세돌 9단의 바둑 대국에 많은 사람들이 충격을 받

마이크로소프트가 트위터용 대화형 인공지능으로 내놓았던 테이(Tay)의 발언. "미-멕 국경에 차단 벽을 설치하고, 멕시코가 그 비용을 지불해야 한다" 등, 인간과의 대화에서 학습한 편향적인 데이터로 각종 차별과 혐오 발언을 하게 되었습니다.

출처: The Verge, http://www.theverge.com/2016/3/24/11297050/tay-microsoft-chatbot-racist

왔습니다. 그때부터 AI와 일자리, AI가 인간을 대체할 수 있을까 하는 논의가 이미 진행되어온 것 같습니다. 그러나 사람들이 AI에 대해 놀라워하고 두려워하는 모습을 보며 빅테크 기업들에게는 고민거리가 생겼습니다. 바로 완벽하지 않은 인공지능에 대한 대중의 강력한 거부감이라는 과제입니다.

알파고 이후에 마이크로소프트의 '테이(Tay)'와 같은 몇몇 인공지능들이 시장에 등장한 적이 있습니다. 갓 출시된 이런 인공지능의 실수나 버그가 사용자들에게 윤리적인 문제라는 커다란 사회적 이슈로 받아들여지기 시작했습니다.

기술의 하나라고 생각했던 인공지능이 어느 순간 내 일과 삶을 대체할지 모른다는 두려움이 결국에는 사람들에게 단순한 실수도 그냥 넘어가지 못할 정도의 강한 허들과 장벽을 만들게 된 것이죠.

그래서일까요? 그 이후 인공지능의 발전은 우리가 느끼지 못하게 스며드는 방식으로 변하게 됩니다. 과거에 기술 발전 하나하나를 자랑하며 대대적으로 알렸던 빅테크 기업들이 그것들을 직접적으로 드러내는 것이 아니라 기존의 자사 비즈니스와 연결하면서 조금씩조금씩 알게 모르게 우리 삶에 스며들게 만든 것이죠. 그리고 그렇게 조용히 스며들어 변화된 서비스를 지금 돌아보면 어느덧 우리 삶의 다양한 곳에 AI가 존재하고 있는 모습을 보게 됩니다.

예를 들면, 페이스북이 우리에게 추천하는 콘텐츠, 유튜브의 추천 알고리즘, 자율주행차의 공간 인식 구현 등 다양한 형태의 인공지능들이 존재합니다. 우리에게 인공지능이라는 단어가 아닌 '자율주행', '추천 콘텐츠'와 같은 다양한 다른 키워드들로 다가왔다는 것이죠.

엔터테인먼트 분야에서도 마찬가지입니다. AI 카메라를 통해서 아바타를 만든다거나, 내 모습을 조금 더 멋지게 바꿔주는 뷰티 필터, 사진을 업로드하면 다른 사람처럼 바꿔주는 프로필 사진 서비스들에도 AI가 적용되어 있습니다. AI가 대대적으로 앞에 드러나 있는 것이 아니라 '필터'나 '이미지' 등의 단어들로 우리에게 와 있는 것이죠.

현실감 있는 소통을 도와주는 다양한 캐릭터 기반의 챗봇들도 마찬가지입니다. 우리가 이야기 나누는 수많은 것들에 인공지능이 들어가 있지만 인공지능이라는 단어보다는 그 비즈니스 자체를 바라보게 되는 식으로 우리의 삶이 바뀌고 있는 것입니다. 이처럼 인공지능이 전문화되면서도 보편화되면서, 마치 공기처럼 우리의 삶에 스며들고 있는 상황입니다.

IT 기업들이 바쁘게 움직이는 것처럼, 전 세계의 수많은 기업들 역시 기술 변화에 따라서 업무와 비즈니스에 어떻게 이러한 기술들을 적용할 수 있을지 많은 연구들을 진행하고 있습니다.

	활용 전망 및 예상 변화	관련 사례
경영지원	**인사** • 채용 프로세스 자동화 • AI 기반 직원 역량 분석 및 개발	− HireVue(미국) − Mya Systems(독일) − Textio(미국) − Eightfold(미국)
경영지원	**법률·컴플라이언스** • 법적 문서 검토 및 작성 • 규제준수 모니터링 및 관련 보고서 작성	− ROSS Intelligence(미국) − Compliance.ai(미국) − LawGeex(이스라엘)
연구개발 (R&D)	• 노코드(No code), 로코드(Low code) 트렌드 확대로 개발 효율성 증진 • 생성형 AI를 통한 신소재 개발	− OpenAI 'Codex' − DeepMind 'AlphaCode' − Generate Biomedicines(미국) 'Chroma'
생산·품질 관리	• AI 기술을 통한 제조 공정 효율화 • 품질 관리	− 가우스랩스(한국) 'Panoptes VM' − 구글 클라우드 'Visual Inspection AI'
물류·유통	• 물류·유통 프로세스 자동화 • 재고 관리	− 신세계아이앤씨 'SAIcast' − 월마트 (미국) 'Pactum AI' − 쿠팡 'AI 비서'
마케팅	• 마케팅 프로세스 자동화 • 맞춤형 마케팅 콘텐츠 생성	− Copy.ai (미국) − CJ 'AI 카피라이터' − 현대백화점 '루이스'
영업	• 대규모 데이터 기반 영업 전략 고도화 • 맞춤화 제품 추천 및 가격 설정	− 세일즈포스 (미국) '아인슈타인 GPT' − 아마존 (미국)
고객 서비스	• AI 챗봇, 가상 비서 등을 통한 시공간 제약 없는 고객 서비스 • 고객 분석 및 맞춤형 서비스 강화	− 네이버 '클로바 라이브챗' − KT의 AICC − LG CNS의 AICC

비즈니스 부문별 AI 활용 전망

출처: 삼정KPMG, https://assets.kpmg.com/content/dam/kpmg/kr/pdf/2023/business-focus/kpmg-korea-chat-gpt-ai-20230412.pdf

생성형 AI라는 키워드에 우리에게 대대적으로 등장한 지 2년, 그렇게 긴 시간은 아니지만 이미 전 세계의 컨설팅 기업들과 데이터 분석가들은 AI가 어떤 방식으로 우리의 비즈니스에 적용될 것인지 고민하고 있습니다.

다양한 영역에 AI가 적용되는 모습을 체계적으로 연구하기 위해서, 컨설팅 기업들은 먼저 비즈니스가 어떤 형태로 구분될 수 있는지를 생각했습니다. 일을 할 때 워크플로라는 것이 존재합니다. 이 워크플로는 한 팀의 특정 업무에만 해당하는 것이 아닙니다. 기업의 각 부문 역시 구분되어 있지만 사실 유기적으로 연결되어서 가치를 창출하게 됩니다.

예를 들자면, 경영 지원 단계부터 연구개발, 생산과 품질 관리, 물류와 유통, 마케팅, 영업, 고객 서비스에 이르는 단계를 생각해볼 수 있습니다. 이 모든 단계에서 AI가 부문별로 적용될 수 있다는 것입니다.

연구 결과를 보면, AI의 활용은 비즈니스의 종류를 가리지 않으며, 기업 내 부문 역시 가리지 않고 일어날 것으로 전망됩니다. 경영 지원 팀에서는 채용 프로세스를 자동화하거나, 법적 문서를 검토하고 작성하는 일에 AI를 활용할 수 있습니다. 연구개발 부서에서는 노코드(No code), 로코드(Low code) 툴을 활용해서 개발을 효율적으로 수행할 수 있습니다. 마케팅 부서는 광고 카피라이팅과 맞춤형 마케팅 콘텐츠 생산 등에 AI를 접목할 수 있습니다. 그리고 이 모든 일들은 그저 예상이나 전망이 아니라 실제 비즈니스 현장에서 수없이 활용되며 증명되고 있는 중입니다.

IT 기업들이 인공지능이라는 기술을 자연스럽게 스며들게 한 것과 같이 일반 기업들 역시도 비즈니스를 중심으로 효과적으로 일하고 생산성을 높이기 위해 인공지능이라는 기술을 알게 모르게 적용해 오고 있었던 것입니다.

기존에도 AI를 비롯한 많은 IT 기술들이 다양한 데이터를 기반으로 각각의 비즈니스 부문에 적용되어 생산성을 높이고 있었지만 고객과 직접적으로 소통하면서 커뮤니케이션하는 단계까지는 이르지 못했습니다. 인간과 인간이 직접적으로 커뮤니케이션을 하는 것처럼 느껴지는 수준의 그럴듯한 대화를 이어나가거나 말을 만들기는 어려웠다는 것입니다.

하지만 생성형 AI가 등장하고 발전하면서 이제는 그 마지막 퍼즐까지도 맞춰지는 느낌입니다. 미리 학습된 방대한 정보와 구체적인 데이터를 기반으로 고객들에게 원하는 형태의 자료를 최적의 말투로 생성해서 전달할 수 있습니다. 또 고객이 답변하는 내용들을 이해하고 실시간으로 피드백하면서 커뮤니케이션할 수 있게 바뀌었죠.

이렇게 바뀐 AI를 적극적으로 활용하려는 움직임, 그 어느 때보다도 비즈니스에서 생성형 AI와 다양한 AI 기술을 통합적으로 적용하기 위한 시도가 많아지고 있는 것이 2024년 현재입니다.

챗GPT처럼 고객뿐 아니라 기업 내에 있는 다양한 구성원들에게 영향을 미칠 수 있는 기술, 생성형 AI에 대한 적극적으로 이루어지고 있습니다.

매킨지의 보고서에 따르면, 2023년 6월 시점으로 이미 16개의 비즈니스 기능에 걸쳐서 63개의 생성형 AI 사용 사례를 확인했다고 합니다. 생성형 AI를 적용할 경우에는 산업 전체에 걸쳐 연간 2조 6천억 달러에서 최대 4조 4천억 달러에 이르는 막대한 경제적 가치를 창출할 수 있다고 합니다. 같은 보고서에서 비즈니스는 물론 우리의 일에도 직접적인 영향을 미칠 수 있음을 이야기하고 있습니다.

특히 생성형 AI는 다른 AI와 함께 합쳐졌을 때 더욱더 강력한 효과를 낼 수 있습니다. 고도화된 분석에 전통적인 머신 러닝과 딥 러닝이 창출하는 가치를 더한 새로운 생성형 AI의 적용 사례들로 약 15%에서 40%까지의 추가적인 경제적인 가치를 창출해낼 수 있다는 것입니다. 또한 단순히 생성성AI의 사용으로 인한 것 이외에도 직원들이 생성형 AI의 사용을 통해 생산성이 향상됨으로써 얻는 경제적인 가치도 있습니다.

일의 영역에서 보면, 생성형 AI는 지금은 보고서 초안을 작성하거나 기획의 영역처럼 화이트칼라의 가장 기본적인 업무에 바로 적용되고 있지만, 앞으로 다른 업무들에 생성형 AI가 점차 널리 도입되고 시간이 지날수록 더 향상된 결과를 얻을 수 있다는 것입니다.

그렇게 되면 우리가 하는 모든 업무 가운데 창의성과 혁신이 필요한 부분이라면 완전히 새로운 지평을 얻을 수 있게 도와주는 것이 바로 이 생성형 AI라는 것이죠.

2장

우리는 실제로
AI를 얼마나 쓸까?

완전히 뒤집어진
일하는 방식

💡 AI, 이미 직장 내에 자리 잡았다

지금까지 비즈니스에 자연스럽게 스며들고 있는 AI에 대해 이야기했습니다. 그렇다면 우리의 일하는 방식은 어떨까요. AI가 실제로 우리가 일하는 방식을 바꾸고 있는 것일까요?

마이크로소프트와 링크드인의 조사에 따르면, 글로벌 시장에서 이미 AI는 직장 내에 조금씩 자리 잡고 있음을 알 수 있습니다. 31개국 약 3만 1천 명을 대상으로 조사를 한 결과, 75%의 사람들이 이미 업무에 AI를 활용하고 있다고 응답했습니다. 더욱 놀라운 것은, 이 중 46%의 사람들은 불

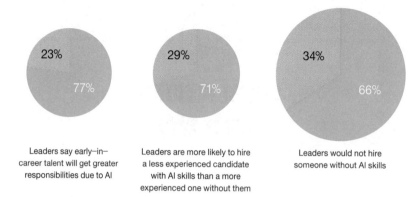

AI 활용 능력과 채용과의 관계를 보여주는 설문 결과

출처: 마이크로소프트-링크드인 공동 연구, https://www.microsoft.com/en-us/worklab/work-trend-index/ai-at-work-is-here-now-comes-the-hard-part

과 6개월 사이에 AI를 도입했다는 것입니다. 이 추세로 진행된다면, 거의 모든 직장에서 AI의 활용이 필수 기술로 자리 잡고 있다고 보아도 무리가 아닌 것 같습니다. 챗GPT 같은 생성형 AI가 등장하면서 인공지능이 우리의 직장 내에 빠르게 스며들고 있다는 것을 보여주는 아주 좋은 조사 결과라고 볼 수 있었습니다.

그렇다면 이렇게 새로운 기술을 적극적으로 도입하는 것은 역시 어린 세대, Z세대인 것일까요?

놀라운 것은, 실제로 Z세대만 AI 기술에 주목하고 있는 것이 아니라는 점입니다. Z세대와 밀레니얼의 사용 비중이 높지만, X세대로 분류되는 40대 중반부터 50대 후반 이상에서도 생성형 AI를 업무에 사용하고 있었습니다. X세대는 76%, 부머 세대는 73%라는 놀라운 결과입니다.

채용 관점에서도 큰 변화가 일어나고 있습니다. 최근 들어 수많은 기업들을 대상으로 AI 강의를 가면, 기업의 대표님들이 항상 저에게 묻는 질문이 있는 것만 보아도 알 수 있습니다. "그래서, 이런 시대에 어떤 사람을 채용해야 하나요?"

이런 추세는 AI 활용 능력과 채용과의 관계를 보여주는 설문조사 결과에서도 확인할 수 있습니다. 이제 인사 담당자들이 신입사원 채용 시 AI 역량을 중요한 기준으로 고려하고 있다는 것입니다.

구체적으로 살펴보면, AI 기술이 없는 지원자는 아예 고려 대상에서 제외할 것이라고 응답한 리더들이 66%에 이릅니다. 또 리더들의 77%가 인공지능에게 더 많은 업무를 위임할 수 있기 때문에 '경력 초기 인재'에게 더 큰 책임을 줄 수 있다고 응답했습니다. 앞으로는 인공지능 기술이 없는 경력자보다 인공지능 기술이 있는 경력이 적은 지원자를 채용할 가능성이 높다고 응답한 리더도 71%에 이릅니다.

그만큼 이제는 기업들이 AI를 능숙하게 활용할 수 있는 사람들을 원하고 있습니다. 반대로 생각해보자면, AI 활용이 가능한 신입 사원이라면 기업이 짧은 시간에 더 큰 책임과 역할을 부여할 수 있기 때문에 더욱 큰 기회가 주어질 수도 있습니다.

💡 우리나라는 어떨까?

이렇게 전 세계적으로 비즈니스와 업무 모두에서 AI에 의한 큰 변화가 일고 있습니다. 그렇다면 우리나라는 어떨까요? 놀라운 것은, 우리나라에서 최근에 나오고 있는 보고서들을 보면 생성형 AI에 대한 뜨거운 관심에 비해서는 생각보다 생성형 AI의 사용률이 낮다는 것입니다.

KISDI에서 2024년 4월에 발간한 보고서에 따르면, 최근 3개월 내에 생성형 AI를 사용해봤다고 응답한 사람들은 39.8%에 불과했습니다. 앞서 살펴본 글로벌 시장에서의 활용도에 비하면 아주 낮은 수준이라는 것을 알 수 있습니다. 이 중에서 생성형 AI를 매일 사용하는 비율은 6%이고, 1주일에 1번 사용한다는 이용자는 46.5%였습니다. 반면, 생성형 AI를 써본 적이 없다고 응답한 사람은 60.2%에 달했습니다.

어떤 용도로 생성형 AI를 사용하느냐고 묻는 질문에는 단순 호기심 (64.3%)이 가장 높았지만, 업무를 위해 활용한다는 응답도 절반가량(47.1%)을 차지했습니다. 그러나 여전히 글로벌 업무 적용 비중인 75%에 비해서는 상당히 낮은 수준입니다.

그렇다면 상대적으로 새로운 기술을 빨리 받아들이는 것으로 알려진 젊은 세대들을 중심으로 보면 어떨까요? 딜로이트가 2024년 5월에 발표한 보고서를 보면, 한국 MZ세대가 생성형 AI에 대해 느끼는 감정 1위는 '놀라움'이었고, 2위는 '불확실성', 3위는 '혼란'이 차지했습니다. 즉, 전 세계적으로 불고 있는 생성형 AI 열풍에 대해 놀라운 감정이 있지만, 동시에 AI의 빠른 변화와 그로 인한 세상의 변화가 두렵기도 하고 어떻게 대처해야 할지 혼란스러운 상태에 놓여 있다는 것입니다.

게다가 한국의 MZ세대는 글로벌 MZ세대에 비해 생성형 AI에 대해 다소 미온적으로 대처하고 있다는 점도 드러났습니다. 글로벌 MZ세대 중 자기계발을 위해서 생성형 AI 교육을 듣거나 역량을 강화하기 위해 노력한다고 응답한 비중이 16~17%인 반면, 한국의 MZ세대는 4%에 불과했습니다.

게다가 현재는 생성형 AI 교육이나 역량 강화를 하고 있지 않지만 1년 내에는 하겠다는 답변도 글로벌 MZ에 비해 한국 MZ가 10%p가량 더 낮은 응답을 보였습니다. 심지어 한국 밀레니얼 세대 36%는 '계획이 없다'고 응답하기도 했습니다.

🔅 인간이 AI를 어려워하는 이유

이렇게 한국의 젊은 세대들이 생성형 AI에 대해서 더 미온적으로 대처하고, 심지어는 두려워하는 반응까지 보이는 이유는 무엇일까요? 이것을 두 가지 정도로 해석할 수 있다고 생각합니다.

첫 번째는 언어의 문제입니다. 현재 대중들이 많이 접하고 있는 생성형 언어 모델의 출발점은 대부분 미국, 그러니까 영어권 국가에서 시작되었습니다.

과거 테슬라의 AI 핵심 개발자이자 오픈AI 소속으로 AI를 연구한 안드레이 카파티(Andrej Karpathy)는 "가장 핫한 새 프로그래밍 언어는 영어다"라는 SNS 게시글을 계정 상단 고정글로 만들어두었습니다. 이제 생성형 AI로 대화하듯이 코딩을 할 수 있다는 것에서 착안한 이야기입니다.

이렇듯 대부분의 언어 모델들은 기본적인 인터페이스를 영어로 제공하며, 영어 대화를 능숙하게 구사하고 영어식 표현을 잘 이해하고 자연스럽게 받아들입니다. 그러다 보니 영어권 국가에 있는 사람들은 별도의 복잡한 교육이 없이도 자연스럽게 AI와 대화할 수 있고, 입력이 자연스럽다 보니 AI가 더욱 좋은 수준의 결과들을 주게 됩니다.

하지만 한국어로 한 번 번역되어 있는 AI는 어떨까요. 우리가 한국어로 질문을 했을 때 생각보다 결과들이 완벽하지 않음을 느끼게 됩니다. 이렇게 언어의 차이로 인한 결과물의 차이는 한국 사람들에게 자연스레 AI의 가능성을 과소평가하고 미온적인 태도를 취하게끔 만드는 하나의 원인이 되고 있습니다.

한국인이 AI를 어려워하는 두 번째 이유는 바로 "질문해야 한다"라는 점입니다. 우리 스스로도 잘 알고 있는 문제인 '질문 능력'과 관계가 있죠.

지난 2010년 9월, 한국에서 G20 서울정상회의가 열렸습니다. 당시 미국의 버락 오바마 대통령이 참석했고, 폐막식에서 폐막 연설을 한 직후에 한국 기자들에게 질문을 받을 기회를 주었습니다. "한국 기자들에게 질문권을 드리고 싶군요. 정말 훌륭한 개최국 역할을 해주셨으니까요. 누구 없나요?"

하지만 현장에는 정적만이 흘렀고, 오바마가 두 차례나 물으며 질문을 기다렸지만 결국 손을 든 것은 한국 기자가 아닌 중국 기자였습니다. 한국 기자들은 아무도 질문을 하겠다며 손을 들지 않았고, 결국 질문권은 중국 기자에게 넘어갔죠. 이때의 영상은 '질문할 줄 모르는 한국 기자들'이라는 제목으로 아직도 회자되고 있습니다.

이런 현상이 비단 기자들에게만 국한되는 것은 아닙니다. 한국의 교육 시스템 자체가 질문하기를 꺼리는 사람으로 기르기 때문입니다. 해외에서 유학하는 분들의 이야기를 들어도, 유난히 한국 학생들은 질문을 잘 하지

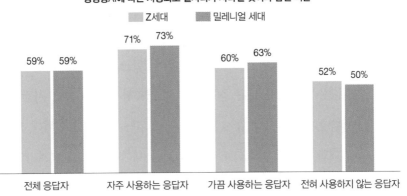

생성형AI에 따른 자동화로 일자리가 사라질 것이라 답한 비율

■ Z세대 ■ 밀레니얼 세대

	전체 응답자	자주 사용하는 응답자	가끔 사용하는 응답자	전혀 사용하지 않는 응답자
Z세대	59%	71%	60%	52%
밀레니얼 세대	59%	73%	63%	50%

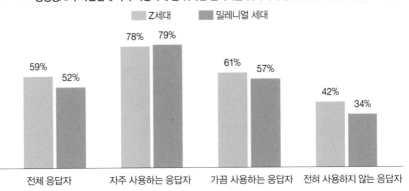

생성형AI가 확산됨에 따라 자동화에 덜 취약한 일자리를 찾아봐야 할 것이라고 답한 비율

■ Z세대 ■ 밀레니얼 세대

	전체 응답자	자주 사용하는 응답자	가끔 사용하는 응답자	전혀 사용하지 않는 응답자
Z세대	59%	78%	61%	42%
밀레니얼 세대	52%	79%	57%	34%

생성형 AI의 확산에 따른 일자리 우려에 대한 응답. 자주 사용하는 응답자와 전혀 사용하지 않는 응답자 사이의 격차가 크게 나타납니다.

출처: https://www2.deloitte.com/kr/ko/pages/esg/articles/2024/20240528.html

않고 본인의 주관적인 의견을 제시하는 데 소극적이라는 평가가 많습니다.

질문하기를 두려워하고 꺼려하는 우리의 교육 시스템은 생성형 AI의 이용에도 영향을 미칩니다. 이용자는 생성형 AI에게 자연스러운 말로 질문을 하고 답변을 받으며 의사소통을 이어나가야 합니다. 그렇지만 질문을 하고 대답을 듣고 다시 피드백하는 일련의 과정들이 우리에게는 다소 생경할 수 있다는 것입니다.

아직은 이것을 제대로 가르치고 교육할 수 있는 시스템이 제대로 구축되어 있지 않은 상황이다 보니, 젊은 세대를 비롯한 한국의 많은 사람들이 생성형 AI 활용에 뒤쳐져 있다는 평가를 받게 되는 것으로 보입니다. 또 역량 강화에 대한 준비를 하더라도 글로벌 젊은 세대에 비해서 뒤쳐지고 있는 것이 현재의 상황인 것이죠.

그럼에도 여전히 생성형 AI는 우리의 삶에 큰 영향을 미칠 수 있을 것입니다.

딜로이트가 2024년 5월에 발표한 보고서에 따르면, 생성형 AI를 많이 사용할수록 그 영향에 대한 우려가 높다는 것을 알 수 있습니다. Z세대의 60%, 밀레니얼 세대의 59%는 생성형 AI 기반의 자동화 때문이 일자리가 사라질 것이라는 우려를 하고 있습니다.

그런데 이를 생성형 AI를 자주 사용하는 응답자와 전혀 사용해본 적이 없는 응답자로 구분해보면 차이가 보입니다. 생성형 AI를 항상 혹은 자주 사용하는 응답자들은 우려하는 비중이 71~73%인 데 반해, 생성형 AI를 전혀 사용하지 않은 응답자는 50~52%만이 일자리 상실에 대한 걱정을 하고 있었습니다. 즉, 생성형 AI를 많이 사용할수록 그 파급력을 잘 알고 있고 실질적인 걱정으로 이어진다는 것입니다.

특히 생성형 AI를 많이 사용하는 응답자들은 앞으로 자동화에 덜 취약한 일자리를 찾아봐야 할 것이라고 답한 비중이 매우 높았습니다.

지금까지의 전반적인 연구 결과를 보았을 때, 결국에는 거의 모든 비즈니스의 거의 모든 일에 AI가 영향을 미치는 시대가 올 것은 당연한 결과처럼 보입니다. 이런 상황에서 AI를 피하기만 하면서, AI가 대체하지 않는 일을 찾아가면서 일을 한다는 것이 얼마나 통할 수 있는 이야기일까요? 오히려 생각을 반전해서 우리가 AI를 더욱 잘 활용해서 나의 일을 업그레이드시키는 것이 더 좋은 생각이 아닐까요?

실제로 최근 들어 많은 기업들이 생성형 AI를 위해 임직원들에게 재훈련을 수행하는 경우들을 많이 볼 수 있습니다. 실제로 저희 IT커뮤니케이션연구소에서도 요즘 몸이 두개라도 아쉬울 정도로 눈코 뜰 새 없이 바쁜 일정을 소화하고 있습니다. 그야말로 기업의 규모를 가리지 않고, 대기업부터 중소기업들까지 대표님들과 임직원들이 AI를 활용할 수 있도록 교육을 해달라는 요청을 끊임없이 보내주시기 때문입니다.

생성형 AI 시대가 오는 것에 대해 두려움을 느끼고 있지만 어떻게 사용해야 할지 불확실성과 혼란 속에서 감을 잡지 못하는 지금의 상황. 향후 3년 이내에 생성형 AI로 우리의 조직과 산업이 변화할 거라고 응답한 비중이 80%에 가까운 상황. 이런 양가적인 상황을 극복하고 싶어 하는 것이 현재 전 세계에서 일어나고 있는 동일한 움직임이고, 특히나 그 안에서 우리나라는 더욱 더 두려움을 느끼고 있는 것 같습니다.

하지만 더 이상 AI를 빼고서 우리의 '일'을 설명하기 어려운 단계에 도달해 있다는 것은 너무나도 확실해 보입니다.

그렇다면 AI에게 잡아먹히지 않는 일꾼이 되려면 어떻게 일해야 하는 것일까요? 먼저 AI를 이해하는 것이 중요합니다. 우선 머신 러닝과 딥 러닝, 생성형 AI의 각 개념에 대해 간단하게 알아보겠습니다.

기존의 AI가 인간에게 적용되었던 방식, 즉 해주었던 일을 크게 두 가지로 나누면 '구분하는 일'과 '추천하는 일'이라고 얘기할 수 있을 것 같습니다. '구분하는 일'의 예를 들자면, 스마트 팩토리 공장에서 수많은 제품들이 만들어질 때 불량인지 정상품인지 빠르게 구분하는 능력이 바로 딥 러닝이 잘 하는 일이라고 할 수 있습니다.

딥 러닝을 아주 단순하게 설명해보자면, 그래프 안에 수많은 점들이 있을 때, 그 점들 사이로 하나의 선을 잘 그어서 이 점의 특징을 잘 보여주는 것으로 설명할 수 있습니다.

'추천하는 일'은 우리가 매일 일상 속에서 경험할 수 있습니다. 바로 유튜브의 추천 알고리즘입니다. 유튜브는 어떻게 그렇게 나에 대해서 잘 알고 내가 좋아하는 콘텐츠를 기가 막히게 추천하는 것일까요? 하나의 영상을 보다가 그다음 영상으로 자연스레 넘어가며 내가 관심을 가진 영상이 나오거나, 연관 동영상으로 등장하는 다양한 영상들을 보다 보면 어느새 시간이 훌쩍 지나 있습니다. 속된 말로 '순삭'이라는 표현이 있죠. 시간이 순식간에 삭제된다는 표현을 실감할 때가 바로 유튜브를 볼 때가 아닐까 싶습니다.

그러면 여기서 질문을 하나 해보겠습니다. 우리가 AI를 통해서 추천을 받는 콘텐츠의 제작은 원래 누가 했을까요? 바로 사람이었을 것입니다. 그러니까 단순하게 말하면, 지금까지 AI는 사람이 만드는 콘텐츠와 제품들을 추천하고 구분하는 일을 해왔다고 이야기할 수 있습니다.

그런데 생성형 AI 시대에는 이 현상이 반대로 벌어집니다. 콘텐츠와 제품을 만드는 것이 바로 AI가 되는 것입니다. AI가 글을 쓰고, 그림을 그리고, 심지어 영상을 만들기도 합니다. 이렇게 생성형 AI가 만든 결과물들을 우리는 '정답'이라고 부를 수 있을까요? 정답일 수도, 아닐 수도 있습니다. 정답인지 아닌지는 AI가 아닌 사람이 평가하기 때문입니다. 특히나 우리의 비즈니스 현장, 우리의 책상에서 일어나는 일들은 더욱더 그렇습니다.

AI가 보고서를 작성했을 때, 그 보고서가 바로 보고하기에 적합한지 아니면 수정이 필요한지는 그 업무를 실제로 담당하는 실무자가 결정할 일이지, 절대 AI가 스스로 결정할 수 있는 일이 아니라는 것입니다.

그래서 저는 생성형 AI가 만드는 결과물을 정답이나 오답이라고 표현하지 않습니다. 그저 '그럴듯한 답'이라고 표현합니다. AI가 내놓은 '그럴듯한 답'이 정말로 우리가 활용할 수 있는지 아닌지를 결정하는 것이 이제 인간의 역할이 된 것입니다. 그러니까 AI와 인간의 관계가 역전되었다고 할 수도 있겠습니다.

AI에게 인간의 역할을 모두 다 맡기게 되면 사고가 일어납니다. 반대로 AI가 잘하는 걸 사람이 똑같이 따라하려고 하면 결국 AI에게 잡아먹히는 것이 아닌가 하는 생각이 듭니다.

그렇기 때문에 AI가 잘하는 것은 AI에게 맡기고 인간이 잘하는 것은 인간에게 맡기면서 AI와 사람이 함께 협업하면서 만드는 것. 이것이 결국에는 AI 시대에 우리가 일을 잘하는 방법이 될 수 있는, 'AI 워커스'가 될 수 있는 출발점이 아닐까 싶습니다.

그러면 우리는 AI와 함께 어떤 식으로 일하는 것이 좋을까요? 먼저 우리의 일하는 방식을 살펴보고 그 안에서 AI와 협력할 수 있는 방안들을 모색해봅시다.

2부

우리는 AI에게
무엇을 이야기해야 하는가

결국 AI는
인간의 지시로 움직인다

질문하는 인간,
호모 프롬프트

"당신의 질문 하나가 세상을 바꿀 수 있다면 어떨까요?"

이 문장은 더 이상 공상과학 소설 속 이야기가 아닙니다. 우리는 지금 그런 세상에 살고 있습니다. 사람의 말 한 마디로 인공지능이 예술 작품을 만들고, 복잡한 수학 문제를 풀고, 심지어 새로운 발명품을 디자인할 수 있는 시대에 살고 있습니다. 바로 '호모 프롬프트(Homo Promptus)'의 시대입니다.

호모 프롬프트는 라틴어로 '인간'이라는 뜻의 '호모'와 사용자의 지시와 명령어를 뜻하는 '프롬프트'를 결합한 신조어입니다. '질문하는 인간'을 의미하죠. 인공지능과의 상호작용을 통해서 새로운 창의력과 혁신을 이끌어내는 인간의 능력을 강조한 단어입니다. 우리 인류는 이제 새로운 진화의 단계에 접어들었습니다. 과거의 '호모 사피엔스(지혜로운 인간)'에서 호모 프롬프트로 진화하고 있는 것입니다.

그렇다면 '프롬프트'란 무엇일까요? 프롬프트는 간단히 말해 인공지능에게 주는 지시나 질문입니다. 마치 요리사에게 레시피를 주는 것처럼, 우리는 인공지능에게 프롬프트라는 레시피를 줍니다. 이 레시피에 따라 인공지능은 우리가 원하는 결과물을 만들어냅니다. 예를 들어, "고양이와 강아지가 함께 놀고 있는 귀여운 그림을 그려줘"라는 프롬프트를 주면, 인공지능은 정말로 그런 그림을 만들어냅니다. "셰익스피어 스타일로 현대 사회를 비판하는 시를 써줘"라고 하면, 인공지능은 그런 내용의 시를 작성합니다. 우리의 상상력을 현실로 만들어주는 마법의 주문인 셈이죠.

생성형 AI 기술의 발전은 개인의 능력과 잠재력을 최대한 발휘할 수 있는 기회를 제공합니다. 과거에는 특정 분야의 전문가만이 할 수 있었던 일들을 이제는 인공지능의 도움을 받아 더 많은 사람들이 할 수 있게 되었기 때문입니다. 전문적인 코딩 실력이 없어도 인공지능에게 적절한 프롬프트를 제공함으로써 간단한 웹사이트나 앱을 만들 수 있게 되었습니다. 이는 '창조의 민주화'라고 부를 수 있는 현상입니다.

하지만 호모 프롬프트가 되는 것은 단순히 인공지능에게 명령을 내리는 것 이상을 의미합니다. 정확하게는 인공지능과 '대화'를 나누는 능력을 의미하기 때문인데요. 호모 프롬프트의 시대에는 '질문력'이 곧 경쟁력이 됩니다. 어떤 질문을 하느냐에 따라 얻을 수 있는 답이 달라지기 때문입니다. 예를 들어, "호모 프롬프트가 뭐야?"라고 물으면 단순히 호모 프롬프트의 정의를 답변으로 받겠지만, "호모 프롬프트라는 단어의 정의와 등장 배경, AI 사회에서 가지는 중요성에 대해 설명해줘"라고 물으면 훨씬 더 풍부하고 유용한 정보를 얻을 수 있습니다.

그러나 호모 프롬프트가 되기 위해서 단순히 좋은 질문을 하는 것만으로는 충분하지 않습니다. 중요한 것은 인공지능의 한계와 가능성을 이해하는 것이기 때문입니다. 예를 들어, 인공지능에게 "세계 평화를 이루는 가장 효과적인 방법은 무엇인가?"라고 물으면 어떨까요? 인공지능은 데이터를 기반으로 몇 가지 제안을 할 수 있겠지만, 진정한 평화는 인간의 이해와 공감, 그리고 끊임없는 노력으로만 이룰 수 있습니다. 인공지능은 아주 강력한 도구이지만, 그것은 여전히 도구일 뿐입니다. 인간의 창의성, 직관, 윤리적 판단을 대체할 수 없습니다.

💡 '무엇'을 '어떻게' 질문할까? 좋은 질문을 하기 위한 질문의 방법들

생성형 AI에 대해 큰 기대를 가지고 있다가 막상 질문을 해보면 황당하거나 기대 이하의 결과물을 받아볼 때가 많습니다. 생성형 AI는 거짓말말한다, AI라고 해서 기대했더니 별것 아니었다 등의 반응을 심심찮게 접할 수 있죠. 결국 하나하나 인간이 검토하고 수정해야 한다며 생성형 AI는 그냥 흥미 수준에서 쓰면 된다고 하는 사람들도 있습니다.

그러나 프롬프트 엔지니어링 기법을 이해하고 정확한 프롬프트를 작성한다면, 생성형 AI는 기대만큼 좋은 결과물을 도출할 수 있습니다. '기술적 질문'의 방식을 익히는 것입니다. 좋은 질문을 하기 위한 질문의 방법들을 구체적으로 이해하고 각각의 방식을 적용하면서 질문을 하는 것이죠. 인공지능의 측면에서 이렇게 기술적인 질문을 하는 방식을 의미하는 것이 바로 '프롬프트 엔지니어링'입니다. 프롬프트 엔지니어링은 생성형 AI 모델로부터 높은 수준의 결과물을 얻기 위해서 적절한 프롬프트(질문)를 구성하는 작업입니다. 이미 수많은 사람들이 프롬프트 엔지니어링 기법들을 연구하고 있고, 논문의 형태로 정리해 발표하기도 합니다.

AI의 결과물이 쓸모가 없다면 혹시 나의 질문이 잘못되지는 않았는지 돌아보는 것이 좋습니다. 잘 만들어진 프롬프트는 생성형 AI가 보다 정확하고 내 질문에 잘 부응하며 개인화된 결과물을 도출할 가능성을 높여줍니다.

업무에서 문서작성 프로그램인 '한글'을 사용하는 상황을 가정해보겠습니다. 대부분의 사람들은 한글 프로그램을 처음 접했을 때 익힌 기능들 위주로 사용하는 경향이 있습니다. 시간이 흘러 프로그램이 업데이트되고 다양한 기능이 생겨도, 본인이 평소에 자주 쓰는 기능과 알고 있는 기능들만을 사용하는 것입니다.

실제로 대부분의 소프트웨어 사용자들은 전체 기능의 20%만을 사용하고 있습니다. 스탠디시 그룹(Standish Group)의 연구와 펜도(Pendo)의 2019년 보고서 등에 따르면, 평균적으로 소프트웨어 제품의 80%의 기능은 거의 사용되지 않거나 전혀 사용되지 않는다고 합니다.[*] 이유 중 하나

---

* 출처: Pendo. https://www.pendo.io/resources/the-2019-feature-adoption-report/

는 새로운 기능을 인식하지 못하거나, 인식하더라도 그 기능의 가치를 이해하지 못하는 경우가 많기 때문입니다. 다시 말하면 '포기한 편리'라고도 표현할 수 있겠죠.

그런데 한글 프로그램에 생성형 AI가 적용되어 어시스턴트를 사용할수 있다면 어떨까요? "문서에서 신명조체 폰트로 작성된 것을 고딕체로 바꾸고 싶은데 어떻게 하면 될까?"라고 입력했을 때 한글이 알아서 신명조체로 작성된 내용을 찾아준다면요? "배경과 글자 색상이 비슷해서 글자가잘 보이지 않는데 어떻게 하면 좋을까?"라고 물어볼 때, 알아서 문서 편집영역의 배경과 글자를 원하는 색으로 바꿔서 고대비 모드를 구현해준다면요? 실제로 이 기능들은 한컴오피스 2022에서 글꼴 검사기와 고대비 모드라는 이름으로 제공되는 기능이지만 실제로 기능의 정확한 이름을 알고사용하는 사람은 많지 않을 것입니다.

하지만 구체적으로 어떤 기능이 있는지 모르더라도 이제는 인공지능 비서와의 대화를 통해 기능을 사용할 수 있게 됩니다. 여기에서 볼 수 있듯, 생성형 AI 기술을 통해 우리는 포기한 편리를 되찾을 수 있습니다. 생성형 AI의 도움이 없을 때에는 활용하지 못했던 많은 기능들을 훨씬 더 많이 사용할 수 있게 되는 것입니다.

마이크로소프트의 오피스 프로덕트 그룹 부사장인 서밋 초한(Sumit Chauhan)은 지난 2023년 3월 17일 오피스 코파일럿을 소개하는 데모영상을 공개했습니다. 당시 파워포인트에 들어간 코파일럿 기능을 소개하면서 "드디어 여러분들이 파워포인트에 숨어 있는 전체 기능을 모두 사용할 수 있게 되어 기쁘다"라는 이야기를 했습니다. 즉, 생성형 AI가 사람들이 자주 사용하는 10%의 기능이 아닌 나머지 90%의 기능까지 사용할 수 있게 해준다는 것입니다. 메뉴를 눌러 기능을 선택하는 것이 아니라, 코파일럿과 대화를 하면 PPT가 만들어집니다. 워드 파일을 첨부하고 파워포인트를 만들어달라고 부탁을 하면서 애니메이션도 적당히 넣어달라고 말만 하면 실행해주는 생성형 AI 덕분에 우리는 별도로 기능에 대한 공부를 하지 않고도 100%의 기능을 모두 활용할 수 있게 되었습니다.

2장

질문력이 곧 경쟁력이다

프롬프트 작성 A to Z: 프롬프트 테크닉

프롬프트 엔지니어링에는 수많은 방법이 있고, 지금 이 순간에도 새로운 기법이 논의되고 만들어지고 있습니다. 각각의 LLM(대규모 언어 모델)을 대상으로 다양한 방법을 시도하면서 효과적인 프롬프트를 작성하는 내용을 담은 논문들이 매일매일 발표될 정도입니다. 그렇기 때문에 프롬프트 엔지니어링 기법을 외워 두겠다는 생각보다는 개념을 이해하고 적절한 상황에 맞는 기법을 계속 시도해보는 것이 가장 중요합니다. 다양한 방법 중에서 제가 직접 쓰면서 유용하다고 느낀 프롬프트 기법들을 소개하고자 합니다.

각각의 기법은 독립적이면서도 함께 쓸 경우 더 큰 시너지를 내기도 하니 다양한 방법으로 응용해 보시면 좋습니다. 어떤 질문을 해야 할지, 문장을 시작하는 포문을 여는 제로샷부터 살펴볼까요?

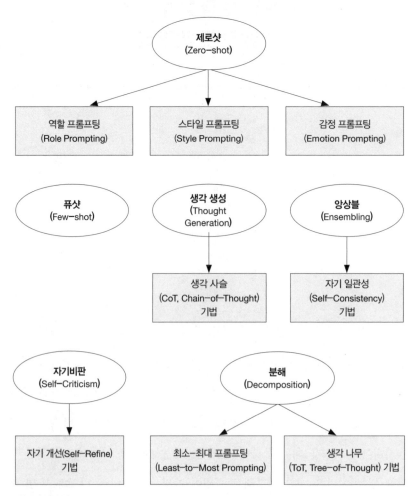

프롬프트 테크닉

프롬프트를 말할 때 자주 듣게 되는 '샷(shot)'이라는 개념은 쉽게 말해서 '예시'라고 이해하면 됩니다. 즉, '제로샷'은 아무런 예시를 주지 않고 질문하는 것입니다. 생성형 AI를 처음 사용하는 대부분의 사람들이 이 방식으로 프롬프트를 입력합니다.

아무런 데이터나 예시를 주지 않고 프롬프트를 작성하면 인공지능은 사전에 훈련된 데이터를 기반으로 결과물을 작성합니다. 최근에 나오는 모델들은 제로샷에서도 좋은 성능을 보여주는 경우가 많죠. 하지만 별도로 주어지는 가이드라인이 없기 때문에, 원하지 않는 형태의 결과물이 나올 가능성이 높습니다. 다만 예시를 주지 않고도 조금 더 좋은 결과물을 낼수 있는 방법들이 있습니다.

역할 프롬프팅(Role Prompting)

대표적인 것이 '페르소나 기법'이라고도 불리는 역할 프롬프팅입니다. 예시는 주지 않되, 사용자가 AI에게 특정한 역할을 주는 겁니다. 예를 들어서 AI에게 '여행 작가'처럼 행동하라거나 'IT 기자'처럼 작성하도록 요청할수 있습니다. 이런 방식으로 특별한 예시를 주지 않아도 조금 더 원하는 방향에 맞게 결과물을 얻을 수 있고 경우에 따라서는 정보의 정확성을 향상시킬 수도 있습니다.

AI에게 '마케팅 전문가'라는 역할을 부여해봅시다. 역할은 구체적으로 설명할수록 좋겠죠. 독특한 브랜드 네임을 만드는 데에 능력이 있다는 내용을 덧붙인 다음, 브랜드명을 지어달라는 프롬프트를 작성해봅니다.

스타일 프롬프팅(Style Prompting)

스타일 프롬프팅은 원하는 스타일이나 어조, 또는 장르를 프롬프트에 지정하는 방식입니다. 스타일의 내용에 따라서는 역할 프롬프팅과 비슷한 효과를 얻을 수 있습니다.

하나의 주제에 대해서 서로 다른 스타일로 답변을 받아봅니다. 예를 들어 카페에서 공부하는 '카공족'에 대해 긍정적인 스타일로 설명해달라고 요청해보면, 생산성 향상, 창의력 증진, 사회적인 상호작용 등의 긍정적인 측면을 설명해줍니다. 그렇다면 같은 내용에 대해서 부정적인 스타일의 설명을 요청하면 어떻게 될까요? 공간 차지와 매출 감소, 소음 문제 등 부정적인 측면을 강조한 답변을 내놓습니다.

이 밖에도 '따뜻하게, 냉정하게, 쉽게, 전문가처럼, 어렵게, 현학적으로' 등 다양한 어조와 스타일을 지정해서 원하는 느낌의 결과물을 요청할 수 있습니다.

감정 프롬프팅(Emotion Prompting)

감정 프롬프팅은 굉장히 흥미로운 개념입니다. 인간의 심리적인 내용과 관련이 있는 문구를 프롬프트에 포함시키면 답변의 질이 좋아진다는 것입니다. 예를 들면, "이건 내 경력에 중요해, 이걸 못하면 해고당할 수도 있으니까 잘 부탁해" 등입니다. AI가 인간과 감정적인 교류를 하는 것도 아닌데, 다소 말장난처럼 느껴지기도 하죠? 하지만 사실입니다. 'Large

Language Models Understand and Can Be Enhanced by Emotional Stimuli'라는 연구 논문[*]에 따르면, 감정 프롬프팅을 사용한 결과 약 8%의 상대적인 성능 향상을 확인할 수 있었다는 것입니다.

구글 제미나이에게 '피부가 좋아지는 세안법'을 알려달라고 요청해보면, 추천 유튜브의 URL을 제공하면서 세안법 팁 6가지를 정리해줍니다. 같은 질문이지만 감정적인 호소를 담아서 작성한다면 어떨까요? '내 인생에서 정말 중요하다, 책임감을 가지고 대답해달라'는 표현을 포함해서 프롬프팅을 해봅시다. 같은 질문이지만 감정에 호소하는 표현을 포함했더니 피부타입 파악, 올바른 세안 방법과 추가적인 팁, 피부에 맞는 제품 선택과 주의사항, 건강한 생활 습관에 이르기까지 다양한 측면의 요소를 고려한 내용을 정리해주었습니다.

AI에게 동기를 부여하는 느낌의 감정 프롬프팅도 있습니다. "도전을 성장의 기회로 받아들이고 잘 해봐", "목표에 집중하고 최대한 헌신적으로 몰입해서 작성해줘", "일에 자부심을 가지고 최선을 다해줘" 등입니다. 감정적인 요소가 인공지능의 문제 해결 능력에 중요한 변수가 될 수 있다니, 흥미로운 지점이죠.

이 밖에도 '질문을 다시 한 번 읽어봐'라고 지시해서 LLM의 추론 능력을 향상시키는 다시 읽기 프롬프팅(RE2, Re-reading Prompting), 프롬프트를 입력하면서 '여기서 필요한 후속 질문이 있나요?'라고 묻는 자기질문 프롬프팅(Self-Ask Prompting) 등도 있습니다.

---

[*] 중국과학원·베이징사범대·홍콩과기대·윌리엄앤메리대 등 공동 연구진. 출처: https://arxiv.org/pdf/2307.11760

'제로샷'이 아무런 예시가 없는 질문 방식이었다면 '퓨샷'은 말 그대로 몇 가지의 예시를 먼저 제공하는 방법입니다. 사용자가 입력한 내용을 바탕으로 어떤 내용을 출력해야 할지 '감'을 잡을 수 있게 도와주는 것이죠.

퓨샷 프롬프팅을 할 때에는 일반적으로 세 가지의 덩어리로 프롬프트가 구분됩니다. 바로 '작업'과 '예시'와 '입력 데이터'입니다. 인공지능에게 요청할 '작업'을 설명해야 하고, 그 작업을 수행한 결과물의 '예시'를 제공합니다. 그리고 실제로 작업을 수행할 '입력 데이터'를 작성해서 프롬프트를 구성하는 것입니다.

예를 들어, 영어 문장을 한국어로 번역할 때, 아래처럼 요청할 수 있습니다.

입력 프롬프트

아래 문장을 한국어로 번역하세요.

예시:

1. 영어: "Today is so hot!"
한국어: "오늘 너무 덥다!"
2. 영어: "What is your name?"
한국어: "이름이 뭐야?"

번역할 문장:

영어: "I'm going to go to the gym tonight."

출력 내용

영어: "I'm going to go to the gym tonight."
한국어: "오늘 밤에 헬스장에 갈 거야."

위의 프롬프트는 두 개의 예시를 제공해서 인공지능이 영어의 한국어 번역이라는 특정한 작업을 수행하게 하면서 응답을 특정한 형태로 출력할 수 있도록 유도했습니다.

사람도 새로운 행동이나 작업을 할 때 처음에는 어설프거나 맞지 않는 방향으로 하게 되지만, 적절한 사례를 직접 보여주면 그럴듯하게 따라 하게 되죠. 퓨샷 프롬프팅은 이처럼 몇 가지 예시를 AI에게 알려줘서 특정한 패턴이나 규칙을 이해하게 만들고 더 좋은 결과물을 출력하게 도와줍니다.

퓨샷 프롬프팅은 제공할 수 있는 데이터가 많지 않을 때, 적은 데이터만 가지고도 특정 작업을 지시할 수 있어서 유용합니다. 물론 예시를 작성해야 하기 때문에 제로샷 프롬프팅에 비해서 작성 시간이 길고 조금 번거롭기는 하지만, 응답의 형식과 원하는 내용을 조금 더 맞춤형으로 만들 수 있다는 장점이 있죠.

다만 예시가 부정확하거나 품질이 떨어지면 답변의 정확성 역시 떨어지기 때문에 적절한 예시를 제공하는 것이 중요합니다. 또 일반적으로 퓨샷 프롬프팅에서는 2~5개 사이의 예시를 사용하는 것이 적절합니다. 너무 많은 예시를 주어도 답변의 정확도가 떨어질 수 있으니 적절할 개수의 예시를 제공하는 것도 잊지 마세요.

생각 생성은 LLM이 문제를 해결하는 동안 자신의 추론을 명확하게 표현하도록 유도하는 기법입니다. 생각을 생성하게 하는 방식은 굉장히 다양하지만, 그중에서도 '생각 사슬' 기법이 가장 유명합니다.

생각 사슬(CoT, Chain-of-Thought) 기법

생각 사슬 프롬프팅은 LLM에게 연속적으로 생각하도록 유도하는 방법입니다. 사람도 급하게 대답을 하려고 하면 말문이 막히지만 차근차근 단계적으로 생각해서 대답할 때에는 좀 더 대답을 잘할 수가 있죠.

예를 들면 "차근차근 생각해봅시다"처럼 생각을 유도하는 문구를 프롬프트에 추가하는 방식입니다. 이렇게 별도의 예시 없이 연쇄적으로 생각하게 만드는 기법을 '제로샷-CoT'라고 할 수 있습니다. 혹은 "정답이 있는지 확인하기 위해 단계적으로 해결해봅시다"나 "먼저 논리적으로 생각해봅시다"와 같은 말로 사고 과정을 유도할 수 있습니다.

입력해야 하는 프롬프트의 양이 많고 복잡하다면 "이 내용을 관리 가능한 부분부터 단계별로 제시하고, 진행하면서 요약하고 분석해줘"라는 식으로 단계별 답변을 요청할 수도 있습니다. 제로샷-CoT 방식은 예시가 필요하지 않고 요청 작업의 종류에 상관없이 적용할 수 있어서 좋은 프롬프팅입니다. 조금 더 구체적으로 접근하는 것이 '퓨샷-CoT'입니다. 작업의 수행 방식을 먼저 예시로 제시하고, 그 예시와 비슷하게 추론 단계를 진행하라고 요청하는 방법입니다.

어떤 순서대로 생각을 해야 하는지를 보여주고, 논리적인 결과를 이끌어내기 위해 마치 사슬이 이어지는 것처럼 생각의 과정을 유도하는 것이 바로 생각 사슬 프롬프팅입니다. 마치 우리가 수학 시간에 '근의 공식'을 외워서 답을 계산하기 전에, 근의 공식을 이해하기 위해서 이차방정식부터 시작해서 근의 공식까지 가는 증명 단계를 거치는 것과 비슷합니다. 이렇게 문제 풀이의 과정을 단계적으로 살펴보면서 올바른 답변까지 갈 수 있게 유도선을 그려주는 겁니다.

💡 머리를 모아보자, 앙상블(Ensembling) 테크닉

생성형 AI에서 앙상블은 동일한 문제를 해결하기 위해서 여러 개의 프롬프트를 사용한 다음, 이 응답들을 최종적으로 합해서 고려하는 프로세스입니다. 생성형 AI는 똑같은 질문이라도 여러 번 답변을 생성하게 되면 그때마다 다른 답변을 만드는 경향이 있는데요. 앙상블 기법은 LLM이 작성하는 결과의 편차를 줄이고 정확도를 높이기 위해 사용됩니다. 다만 최종 답변을 받을 때까지 여러 번 프롬프트를 입력해야 한다는 단점이 있습니다. 토큰이 많이 소요되고 비용도 그만큼 증가하겠죠.

이 방식에는 모델이 스스로 프롬프트를 생성하고 개선하게 하는 기법이나 여러 번 응답을 생성해서 가장 정보량이 높은 응답을 선택하는 기법, 여러 생각 사슬(CoT) 경로를 생성하고 평가하는 기법 등이 있지만 가장 널리 쓰이는 것은 자기 일관성(Self-Consistency) 기법입니다.

자기 일관성(Self-Consistency) 기법

이 기법의 핵심은 똑같은 문제에 대해서 여러 번 답변을 받아보고, 가장 일관되고 자주 나오는 답변을 최종 결과로 선택하는 것입니다. 이 기법의 장점은 생성형 AI가 가지고 있는 단점, 답변의 불확실성을 줄일 수 있다는 것입니다. 또 하나의 시도만으로는 오류가 생기기 쉽지만, 여러 번의 시도를 통해서 가장 일관적으로 보이는 것을 선택하다 보니 오류를 줄일 수 있다는 장점이 있습니다.

🔮 셀프 반성의 시간, 자기비판(Self-Criticism) 테크닉

생성형 AI는 일반적으로 거짓말도 진짜처럼 보이게 한다는 비판을 받습니다. 틀린 말인데도 그럴듯한 설명을 붙여서 마치 진짜처럼 포장하는 경우들이 있죠. 이럴 때에는 LLM에게 자신의 결과물을 스스로 비판해보라고 요청하면 좋습니다. 단순히 결과물이 올바른가 아닌가에 대한 판단을 내릴 수도 있고, 피드백을 제공해달라고 요청해서 결과물을 개선하는 데 사용할 수도 있습니다. 이 프롬프팅 기법은 인공지능이 좀 더 정확하고 신뢰할 수 있는 답변을 출력하도록 유도합니다.

자기 개선(Self-Refine) 기법

이 기법은 인공지능의 초기 답변을 받은 다음 연속적인 질문을 통해서 계속 답변을 향상시키는 방식입니다. AI의 답변에 대한 피드백을 하게 하고, 피드백을 바탕으로 답변을 수정하는 과정을 반복하는 거죠. 특히 복잡한 문제에 대해서 깊이 있는 답변이 필요할 때 유용한 방식입니다.

예를 들어 인공지능이 일자리에 미칠 영향에 대해 물어볼 때, 아래의 세 가지 단계로 프롬프트를 작성합니다.

1. 인공지능이 일자리에 미칠 영향을 분석해줘.
2. 너의 답변에서 부족한 부분이나 편향적으로 작성된 부분이 있는지 검토해줘.
3. 분석한 내용을 바탕으로, 부족한 부분과 편향된 부분을 보완해서 최종 답변을 깔끔하게 정리해줘.

앤스로픽의 클로드에게 위와 같은 방식으로 프롬프트를 입력하면서 AI가 생성한 답변을 스스로 다각도에서 비판해보고 개선점을 찾아보라고 요청해보았습니다.

길지 않은 글이지만 다각도에서 비판적인 검토를 하며 개선점을 찾은

최초 답변	수정한 답변
인공지능(AI)이 일자리에 미칠 영향은 복잡하고 다면적입니다. 주요 영향을 간단히 요약하면 다음과 같습니다:	인공지능(AI)이 일자리에 미칠 영향에 대한 종합적인 분석:
1. 자동화로 인한 일자리 감소:	**1. 일자리 변화의 복잡성:**
– 반복적이고 예측 가능한 업무는 AI로 대체될 가능성이 높습니다.	– 단기적으로는 자동화로 인한 일자리 감소가 두드러질 것입니다. 특히 제조업, 고객 서비스, 데이터 처리 분야에서 큰 영향이 예상됩니다.
– 제조업, 고객 서비스, 데이터 입력 등의 분야가 영향을 받을 수 있습니다.	– 중장기적으로 AI 관련 새로운 직종이 등장하겠지만, 순 일자리 손실 가능성이 높습니다.
	– 지역과 국가에 따라 영향의 정도와 속도가 다를 것입니다. 선진국은 더 빠른 변화를, 개발도상국은 지연된 영향을 받을 수 있습니다.

2. 새로운 일자리 창출:	2. 산업별 차별적 영향:
− AI 개발, 유지보수, 관리 등 새로운 기술 관련 직종이 생겨날 것입니다.	− 금융, 의료, 법률 등 전문 서비스 분야에서도 AI로 인한 변화가 클 것입니다.
− AI를 활용한 새로운 산업과 서비스도 등장할 것입니다.	− 창의성과 복잡한 인간 상호작용이 필요한 직종(예: 예술, 심리상담)은 상대적으로 영향이 적을 수 있습니다.
3. 기존 직업의 변화:	**3. 기술과 노동시장의 상호작용:**
− 많은 직업이 AI를 도구로 활용하며 업무 방식이 변화할 것입니다.	− AI 기술의 발전 속도와 실제 도입 사이에는 시차가 있을 것입니다. 기술적 한계, 규제, 사회적 수용도 등이 영향을 미칩니다.
− 인간의 창의성, 감성 지능, 복잡한 문제 해결 능력이 더욱 중요해질 것입니다.	− 노동조합, 정부 정책, 기업의 전략 등이 AI 도입 속도와 방식을 조절할 것입니다.
4. 경제적 불평등 가능성:	**4. 경제적, 사회적 영향:**
− AI 활용 능력에 따라 소득 격차가 벌어질 수 있습니다.	− AI 활용 능력에 따른 소득 불평등이 심화될 수 있습니다.
	− 대규모 실업은 사회 안정, 소비, 정신 건강 등에 광범위한 영향을 미칠 수 있습니다.
	− 노동의 의미, 일−삶의 균형에 대한 사회적 재정의가 필요할 수 있습니다.
5. 교육과 재교육의 중요성 증대:	**5. 교육과 적응:**
− 변화하는 직업 환경에 적응하기 위한 지속적인 학습이 필요할 것입니다.	− 평생 학습과 재교육의 중요성이 더욱 커질 것입니다.
	− 기술 활용 능력뿐만 아니라 창의성, 감성 지능, 비판적 사고력 개발이 중요해집니다.
	6. 정책적 대응의 필요성:
	− 정부는 AI로 인한 실업에 대비한 사회안전망 강화, 재교육 프로그램 제공 등의 정책을 마련해야 합니다.
	− 기업은 AI 도입과 함께 직원 재교육, 새로운 역할 창출 등의 전략이 필요합니다.
	7. 윤리적 고려사항:
	− AI의 의사결정 과정의 투명성, 책임 소재, 개인정보 보호 등에 대한 윤리적 가이드라인이 중요해집니다. − 인간의 존엄성을 지키면서 AI를 활용하는 방안에 대한 사회적 합의가 필요합니다.

이 분석은 현재의 이해를 바탕으로 한 것이며, AI 기술의 빠른 발전과 예측 불가능한 혁신으로 인해 실제 영향은 달라질 수 있습니다. 지속적인 모니터링과 유연한 대응이 필요할 것입니다.

후 보완한 답변을 보니 확실히 답변의 품질에 차이가 있습니다. 예시에서는 한 번의 피드백만을 받았지만 아쉬운 부분이 있다면 반복적인 피드백을 요청하고 수정을 반복하면서 더욱 만족스러운 결과를 받을 수 있을 것입니다. 다만 너무 많은 반복은 초기 답변에 있었던 핵심적이고 인상적인 내용들을 없앨 가능성이 있습니다. 중요한 내용들을 유지하면서 점차 개선해나갈 수 있도록 가이드가 필요합니다.

💡 생각의 해부학, 분해(Decomposition) 테크닉

분해 테크닉은 복잡한 문제를 더 간단한 하위 질문으로 쪼개서 생각하는 기법입니다. 생성형 AI뿐만 아니라 인간에게도 굉장히 효과적인 문제 해결 전략 중 하나죠. 문제를 간단한 구성 요소로 자연스럽게 분해하고 세분화해서 LLM의 문제 해결 능력을 향상시킬 수 있습니다.

최소-최대 프롬프팅(Least-to-Most Prompting)

최소-최대 프롬프팅은 문제를 풀라고 바로 지시하는 것이 아니라 LLM에게 더 하위 문제로 나누도록 요청하는 것으로 시작합니다. 더 작은 단위의 문제로 세분화하는 것이죠. 그다음 작은 문제들을 차례대로 해결하면서, 이전 하위 문제의 해결책을 다음 문제를 해결하기 위해 사용합니다. 이런 방식으로 최종 결과에 도달할 때까지 순차적으로 문제를 해결하게 만드는 것입니다.

이런 방식으로 크고 복잡한 문제를 해결해야 할 때, 문제의 각 부분을 세분화해서 확인하고 점진적으로 확인하면서 더 상세한 답변을 유도할 수 있습니다. 인공지능에게 먼저 해결해야 하는 여러 가지 하위 질문들을 세부적으로 도출하라고 작성하고, 제시된 답변을 순서대로 작성하는 방식으로 프롬프트를 작성하면 더욱 구조적이고 구체적인 결과를 받을 수 있게 됩니다.

생각 나무(ToT, Tree-of-Thought) 기법

생각 나무 프롬프팅은 문제를 해결하기 위한 다양한 접근 방식과 추론 경로를 탐색하도록 유도하는 방식입니다. 여러 시각에서 문제를 쪼개어보고 최적의 해결책을 찾는 기법이죠. 문제를 다양한 단계로 분해하고, 각 단계에서 가능한 해결책들을 여러 가지로 탐색한 다음, 이 해결책들을 평가하면서 가장 좋은 경로를 선택해서 답변을 도출하게 만듭니다.

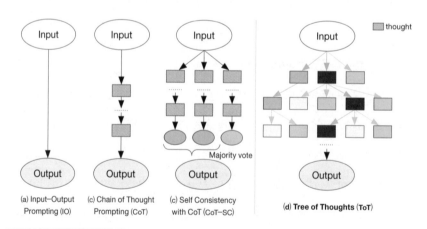

ToT와 다른 프롬프팅의 방법 비교.

출처: Tree of Thoughts: Deliberate Problem Solving with Large Language Models (2023).

생각 사슬 프롬프팅이 입력에서 출력에 이르는 과정을 연속적인 하나의 프로세스로 구성한다면, 생각 나무 프롬프팅은 문제 해결을 위한 중간 단계들을 여러 가지로 나누고, 중간 단계에서 가능한 다음 생각을 생성하고 평가하면서 최적의 결과를 찾아간다는 점에서 차이가 있습니다.

예를 들어서 비즈니스 전략을 수립한다고 했을 때, 아래의 내용처럼 접근하면 좋습니다.

새로운 시장 진출 전략을 수립하려고 해. 다음 단계를 따라 생각해줘.
1. 가능한 진출 시장 3가지를 제시
2. 각 시장에 대해, 진입 방식을 2가지씩 제안(예: 직접 진출, 현지 기업과 제휴 등)
3. 각 진입 방식의 장단점을 분석
4. 가장 유망해 보이는 2개의 전략을 선택하고, 각각에 대한 세부 실행 계획을 수립
5. 최종적으로 가장 효과적일 것 같은 전략을 선택하고 그 이유를 설명

이처럼 생각 나무 기법은 각 단계에서 가능한 여러 선택지나 아이디어를 생성하게 하고, 여러 가지의 경로를 동시에 병렬적으로 탐색합니다. 각 경로별로 가능성과 효과를 평가하면서 가장 유망한 경로를 선택해 생각을 발전시키고, 선택된 경로에서 다시 새로운 분기를 생성하고 탐색하는 작업을 반복합니다. 그러면서 가장 효과적인 경로를 찾아서 최종 해결책을 도출하는 방식입니다. 이 방식의 장점은 다양한 가능성을 고려해서 더 창의

적이고 최적화된 해결책을 찾을 수 있다는 것입니다. 다만 많은 대안을 탐색하기 때문에 다른 방법에 비해 시간이 걸릴 수 있고 더 많은 리소스를 필요로 한다는 점은 참고해야겠습니다.

직관적인 프롬프트 문법으로
질문력 업그레이드하기

영어를 처음 배울 때 익혔던 문장, 기억하시나요? I am a boy. 아마 대부분 이 문장을 바탕으로 영어를 시작할 겁니다. 여기에서 I는 주어, am은 동사, a boy는 보어입니다. She teaches AI. 여기에서는 She가 주어, teaches가 동사, AI가 목적어가 됩니다. 영어를 배우면서 각각의 문장 구성 요소들을 기반으로 문법을 배웠던 기억이 있을 겁니다. 갑자기 웬 영어 공부냐고요? 프롬프트를 잘 쓰고 싶다면, 영어 문법을 익히듯 프롬프트 문법을 익히면 되기 때문입니다.

앞서 소개한 다양한 프롬프트 엔지니어링 기법은 종류가 아주 다양하고 익숙하지 않은 방식이어서 처음에 접근하기 어려울 수 있습니다. 그렇다면, 좀 더 쉽고 빠르게 쓸 만한 프롬프트를 작성하는 방법을 알아두면 좋겠죠. 프롬프트 문법 뽀개기, 바로 질문력 업그레이드의 팁을 소개합니다.

프롬프트 문법이라니, 무슨 의미일까요? 바로 프롬프트의 구성 요소를 쪼개 보라는 것입니다. 프롬프트의 구성은 크게 6가지로 구분할 수 있습니다. ①페르소나(persona), ②맥락(context), ③과업(task), ④형식(format), ⑤예시(example), ⑥어조(tone)입니다.

페르소나: 페르소나는 AI에게 특정 역할이나 정체성을 부여하는 것입니다. 예를 들어, "당신은 경험 많은 요리사입니다" 또는 "당신은 친절한 영어 선생님입니다"와 같은 식으로 AI에게 특정 캐릭터를 설정합니다. 이렇게 하면 AI가 해당 전문가의 관점에서 답변을 제공하게 됩니다. 앞에서 보았던 역할 지정 테크닉을 생각하면 됩니다.

맥락: 맥락은 AI에게 상황이나 배경 정보를 제공하는 것입니다. 예를 들어, "우리는 지금 초보 요리사를 위한 요리 교실에 있습니다" 또는 "이것은 고등학생들을 위한 영어 수업입니다"라고 설명해서 AI의 이해도를 높이는 내용입니다.

과업: 과업은 AI가 수행해야 할 구체적인 작업입니다. "간단한 파스타 요리법을 설명해주세요" 또는 "현재완료형을 사용한 예문 5개를 만들어주세요"와 같이 명확한 지시를 작성합니다.

형식: 형식은 답변의 구조나 레이아웃을 지정하는 것입니다. "답변을 개조식으로 작성해주세요" 또는 "표 형식으로 정보를 정리해주세요"와 같이 원하는 출력 형식을 지정해줍니다.

예시: 예시는 AI에게 원하는 결과물의 구체적인 사례를 보여주는 것입

니다. "다음과 같은 형식으로 답변해주세요: 재료 목록, 조리 단계, 팁" 또는 "예: I have visited Paris three times."처럼 예시를 제공하면 AI가 더 정확하게 원하는 형태의 답변을 할 수 있습니다. 앞에서 보았던 퓨샷 테크닉을 생각하세요.

어조: 어조는 AI의 답변 스타일을 결정합니다. "친근하고 격려하는 톤으로 설명해주세요" 또는 "전문적이고 간결한 어조로 답변해주세요"와 같이 원하는 말투나 분위기를 지정할 수 있습니다. 앞서 보았던 스타일 테크닉을 생각하면 됩니다.

이 6가지 요소를 적절히 조합하면 매우 효과적인 프롬프트를 만들 수 있습니다.

"①당신은 경험 많은 요리사입니다(페르소나). ②지금 초보 요리사를 위한 요리 교실에서(맥락) ③간단한 파스타 요리법을 설명하고 있습니다(과업). ④재료 목록, 조리 단계, 주의사항 순으로(형식) 설명해주세요. ⑤예를 들어, '물을 끓인 후 소금을 넣어주세요'와 같은 구체적인 지시를 포함해주세요(예시). ⑥친근하고 격려하는 톤으로 설명해주세요(어조)."

6가지의 구성 요소를 매번 모두 사용해야 하는 것은 아닙니다. 하지만 6가지를 공식처럼 외워두고 프롬프트를 작성할 때 되뇌면서 활용한다면 훨씬 정리된 프롬프트를 작성할 수 있습니다.

어떻게 하면 쉽게 적용할 수 있을까요? 쉽게 기억하기 위한 여러 가지 고민을 하다가 약간의 콩글리시처럼 보이지만 '톱펙'! 조금 더 부드럽게 '토픽'이라는 표현으로 요약을 해봤습니다. '프롬프트 토픽(TOPFEC, Task, tOne, Persona, Format, Example, Context)'이라고 정리해보았는데, 조금은

암기하는 데 도움이 되었으면 좋겠습니다. 토픽 방법론은 이렇게 활용할 수 있습니다.

> ### 💡 [요리 레시피 작성을 위한 프롬프트 TOPFEC]
>
> Task(과업): 초보 요리사를 위한 간단한 파스타 레시피를 작성해줘.
>
> tOne(어조): 친근하고 격려하는 어조로 설명해줘.
>
> Persona(페르소나): 당신은 경험 많은 요리 강사야.
>
> Format(형식): 재료 목록, 조리 단계, 주의사항 순으로 구성해줘.
>
> Example(예시): "물이 끓으면 소금을 넣어 파스타를 삶아주세요"와 같은 구체적인 지시를 포함해줘.
>
> Context(맥락): 이 레시피는 요리 블로그에 게시될 예정이야.
>
> "당신은 경험 많은 요리 강사야. 요리 블로그에 게시하기 위해서 초보 요리사를 위한 간단한 파스타 레시피를 작성해줘. 재료 목록, 조리 단계, 주의사항 순으로 구성해주고, "물이 끓으면 소금을 넣어 파스타를 삶아주세요"와 같은 구체적인 지시를 포함해줘. 친근하고 격려하는 어조로 설명해줘."

Task: 인공지능의 윤리적 영향에 대한 학술 논문의 개요를 작성해줘.

tOne: 객관적이고 학술적인 어조로 작성해줘.

Persona: 당신은 AI 윤리를 전공하는 박사과정 학생이야.

Format: 서론, 본론(3개의 주요 논점), 결론 구조로 각 섹션별 주요 내용을 2-3문장으로 요약해줘.

Example: "AI의 의사결정 과정에서의 편향성 문제"와 같은 구체적인 논점을 포함해줘.

Context: 이 논문은 국제 AI 윤리 학술지에 투고될 예정이야.

"당신은 AI 윤리를 전공하는 박사과정 학생이야. 국제 AI 윤리 학술지에 투고할 논문의 작성을 위해서, 인공지능의 윤리적 영향에 대한 학술 논문의 개요를 작성해줘. 서론, 본론(3개의 주요 논점), 결론 구조로 각 섹션별 주요 내용을 2-3문장으로 요약해주고, "AI의 의사결정 과정에서의 편향성 문제"와 같은 구체적인 논점을 포함해줘. 객관적이고 학술적인 어조로 작성해야 해."

Task: 새로운 스마트 홈 시스템의 사용자 매뉴얼을 작성해줘.

tOne: 명확하고 친절한 어조로 설명해줘.

Persona: 당신은 기술 문서 작성 전문가야.

Format: 제품 개요, 설치 방법, 기본 사용법, 문제해결 가이드를 순서대로 작성하고, 각 섹션에 부제목을 넣어줘.

Example: "와이파이 연결 실패 시 공유기를 재부팅하세요"와 같은 구체적인 문제해결 팁을 포함해줘.

Context: 이 제품은 기술에 익숙하지 않은 50대 이상 사용자를 주요 타깃으로 하고 있어.

"지금부터 새로운 스마트 홈 시스템의 사용자 매뉴얼을 작성해줘. 기술 문서 작성 전문가로서, 명확하면서도 친절한 어조로 설명해야 해. 제품 개요, 설치 방법, 기본 사용법, 문제해결 가이드를 순서대로 작성하고, 각 섹션에 부제목을 넣어줘. 매뉴얼에는 "와이파이 연결 실패 시 공유기를 재부팅하세요"와 같은 구체적인 문제해결 팁을 포함해야 해. 우리 제품은 기술에 익숙하지 않은 50대 이상 사용자를 주요 타깃으로 하고 있다는 점을 감안해서 작성해줘."

이처럼 작성하는 순서는 각자 달라도 되지만, 자연스러운 대화의 형태가 되도록 작성하는 것이 중요합니다.

예를 들어서, 고객 문의에 대한 응답을 작성해야 하는 상황을 가정해봅시다. 파손된 제품을 배송받은 고객이 빠른 배송으로 교환해달라고 요청했어요. 하지만 회사에서는 환불이나 일반 배송밖에 제공하고 있지 않을 때, 어떻게 답변을 해야 할까요?

자연스러운 프롬프트가 되려면 아래처럼 작성하면 좋습니다.

고객이 공감하고 납득할 수 있는 이메일 응답을 작성하도록 도와줘 (Task).

나는 고객 서비스 담당자인데(Persona) 고객 불만에 대한 회신 메일을 작성해야 해(Task).

고객이 블루투스 이어폰을 주문했는데 패키지 손상으로 교환을 요청했어. 파손된 패키지의 사진이 첨부되어 있어서 나는 담당자로서 환불을 제안했는데 빠른 배송 옵션으로 교환해달라고 고객이 요청하고 있어 (Context).

고객의 불만을 이해한다는 내용을 포함하면서 추가 마일리지 증정과 같이(Example) 우리가 제안할 수 있는 해결 방안 3가지를(Format) 정중한 말투로(tOne) 작성해줘.

TOPFEC 프레임워크는 이렇게 다양한 상황에 적용해서 효과적인 프롬프트를 작성하는 데 도움이 됩니다. 프롬프트를 구성하는 각각의 요소를 체계적으로 작성할 수 있기 때문에 조금 더 구체적이고 목적에 맞는 결과를 얻을 수 있습니다.

3부

AI 워커스 트랜스포머, 일잘러로 레벨 업!

AI 인사이트로 전략 터보 달기, 전략 기획 직군

시장 분석 능력 UP,
전략 예지력 높이기

전략 기획 업무 중에서 가장 중요하면서도 자주 하게 되는 업무가 바로 시장 분석입니다. 시장의 전반적인 상황과 전망을 포함해서 고객의 특성과 니즈를 분석하고, 경쟁사의 정보를 파악하고, 시장의 새로운 흐름을 예측하고 우리 회사의 상황을 파악하는 일 등이 포함됩니다. 이러한 부분을 고려해서 시장 분석을 위한 워크플로를 아래와 같이 여섯 단계로 정리할 수 있습니다.

시장 현황 조사 → 고객 분석 → 경쟁사 분석 →

트렌드 분석 → SWOT 분석 → 전략적 제안 도출

따라서 AI와 함께 업무를 한다면 이 워크플로에 맞춘 프롬프트를 구성하면 됩니다. 이제부터 하나의 새로운 채팅 세션을 만들고 이 과정을 따라가보도록 하겠습니다.

💡 시장 현황 조사

먼저 현재 시장의 전반적인 상황을 파악하기 위해 필요한 정보를 수집해야 합니다. 이를 위해 아래와 같이 프롬프트를 작성해봅니다.

> **입력 프롬프트**
>
> 우리 회사는 직장인을 대상으로 한 온라인 교육 플랫폼을 운영하는 스타트업이야. 현재 직장인을 대상으로 한 온라인 교육 시장의 전반적인 현황을 조사해줘. 시장 규모, 성장률, 주요 플레이어, 시장 점유율 등의 정보가 필요해. 가능하다면 최근 3년간의 데이터로 작성해주면 좋겠어. 분량은 A4 1~2장 정도로 해주고, 마지막에는 현재 시장 상황을 한 문장으로 요약해줘. 최신 데이터를 바탕으로 2025년 시장 예측도 포함해주면 좋겠어.

GPT-4o에서는 특정 사이트에서 가져온 내용이 포함된 경우 출력 답변에서 해당 출처를 확인할 수 있습니다. 구글의 제미나이와 MS의 코파일럿역시 출처를 확인할 수 있는 기능을 제공합니다. GPT-4o에서는 답변 상단의 "Searched (숫자) sites" 부분을 선택하면, 아래로 출처의 목록이 펼쳐집니다. 각각의 제목을 클릭하면 해당 사이트로 이동해서 실제 내용을 확인할 수 있습니다.

실제로 시장 현황을 조사할 때에는 이런 사이트들의 도움을 많이 받는 경우가 많습니다. 챗GPT 역시 사람이 일하는 것과 비슷하게 다양한 키워드를 기반으로 내용을 검색하고 여러 사이트의 정보를 참고해서 내용을 정리해준다는 것을 알 수 있습니다.

실제 업무 중에서도 시장 현황을 조사하는 과정에서는 정확한 내용을 파악하는 것이 중요하죠. 기존의 생성형 AI에서는 부정확한 정보를 생성하는 할루시네이션(환각) 현상 때문에 업무 활용에 부정적인 시선들이 많았습니다. 하지만 최근 들어 검색엔진과 결합한 생성형 AI들이 늘어나면서 이런 방식으로 실제 출처를 확인하고 내용을 체크할 수 있게 되었습니다. 정확한 내용의 작성을 위해서는 크로스체크가 꼭 필요하다는 점을 반드시 기억해두어야 합니다.

🔅 고객 분석

다음은 고객 분석입니다. 우리 회사가 속한 시장 내에서 잠재 고객의 특성과 다양한 요구사항을 파악하는 단계입니다. 이를 위해 아래와 같이 프롬프트를 입력합니다.

> **입력 프롬프트**
>
> 직장인들이 온라인 교육 플랫폼을 이용할 때 중요하게 생각하는 요소는 무엇인지 정리해줘. 연령대별, 직무별로 선호하는 교육 방식과 주요 관심사에 대해 분석해주고, 고객 만족도와 관련된 주요 지표를 알려줘. 모든 내용은 표 형태로 일목요연하게 정리해줘.

이런 방식으로 고객의 주요 니즈와 함께 연령대별 관심사, 직무별 관심사, 고객 만족도와 관련된 주요 지표들을 정리할 수 있습니다. 고객 기반의 제품 및 서비스 전략을 수립할 때 도움이 되는 정보들입니다. 이 경우에는 연령대와 직무별 관심사를 도출했지만, 기업 내에서 별도로 관리하는 고객 분류가 있다면 해당 내용으로 프롬프트를 수정해서 입력하면 좋습니다.

🔆 경쟁사 분석

다음은 경쟁사 분석 단계입니다. 시장 분석에서 빠질 수 없는 내용 중하나죠. 우리 회사의 주요 경쟁사들을 알아보고, 각각의 기업별로 강점과 약점 등의 정보를 조사해야 합니다.

입력 프롬프트

시장 정보를 바탕으로, 우리 회사의 주요 경쟁사를 세 곳 선정하고 각각의 강점과 약점을 분석해줘. 우리 회사가 스타트업이라는 것을 고려해서 한국 내에서 선도적인 위치를 차지하고 있는 기업 위주로 선정해주면 좋겠어. 각 경쟁사의 주요 서비스, 가격 정책, 고객 타깃층, 그리고 최근의 마케팅 전략에 대해 자세히 설명해줘. 분석 결과는 업체별로 표로 정리해주면 좋겠어.

우리 회사가 글로벌 시장을 겨냥하는 것이 아니라면 경쟁사는 국내 주요 플레이어로 좁혀야 합니다. 그런 내용을 고려해 이번 프롬프트에서는 "우리 회사가 스타트업이라는 것을 고려해서 한국 내에서 선도적인 위치를 차지하고 있는 기업"이라는 조건을 추가해서 경쟁사 분석을 요청했습니다.

이런 방식으로 각자 기업의 상황에 맞추어 경쟁사의 범위를 최대한 구체적으로 지정해준다면 더욱 좋은 결과를 얻을 수 있습니다.

답변의 참고 사이트 출처를 통해 내용을 확인하면서 챗GPT의 정리 내용이 적합한지 검토해보고, 원하는 내용이 아니거나 다른 경쟁사의 정보를 원한다면 수정을 요청합니다. 염두에 둔 경쟁사가 있다면 구체적으로 기업의 이름을 프롬프트에 반영해서 입력하면 됩니다.

💡 트렌드 분석

시장 현황 조사에서는 비교적 포괄적인 시장의 현황과 전망에 대해 파악했다면, 트렌드 분석 단계에서는 특히 시장에서 나타나는 새로운 트렌드에 주목해서 내용을 파악합니다. 또한 각각의 트렌드가 우리 회사에 미칠 영향에 대해서도 세부적으로 고민해봅니다.

입력 프롬프트

최근 직장인 대상 온라인 교육 시장에서 주목받고 있는 새로운 트렌드는 무엇인지 도출해줘. 특히 AI의 등장으로 인해 부각되는 트렌드나 직장인들의 니즈 변화가 있는지 조사해줘. 또한 기술적, 교육적, 마케팅적 측면에서 중요한 트렌드에 대해 설명해주면 좋겠어. 각 트렌드가 우리 회사에 어떤 영향을 미칠 수 있는지도 분석해주고, 우리 회사가 차별화된 교육 서비스를 제공할 수 있는 방안에 대해서도 제안해줘. 분량은 A4 1장 내외로 10가지 정도의 인사이트를 정리해주면 좋겠어.

요청에 따라 시장의 최근 트렌드를 열 가지로 정리된 자료가 제공됩니

다. 각각의 트렌드가 우리 회사에 어떤 영향을 미칠 수 있는지 분석 결과를 통해 해당 트렌드를 고려해 어떤 차별화 방안을 전략적으로 수립해야 하는지 알 수 있습니다.

물론 여기에서 나온 모든 트렌드 내용과 차별화 방안을 감안해서 전략을 수립할 필요는 없습니다. 이 중에서 특별히 우리 회사의 시장이 아니거나 접근할 필요가 없다고 판단되는 트렌드는 과감하게 버리고, 우리 회사의 비전에 맞는 트렌드를 선정하는 것은 사람의 몫입니다.

💡 SWOT 분석

다음은 SWOT 분석을 수행해보겠습니다. SWOT (Strength, Weakness, Opportunity, Threat) 분석은 내부 환경과 외부 환경 각각 요소를 바탕으로 현황을 분석하는 방법론입니다. 고전적인 방법이지만 기업을 둘러싼 내외부 환경의 긍정적, 부정적 측면을 일목요연하게 정리할 수 있다는 점에서 현재에도 널리 사용되고 있습니다.

입력 프롬프트

"아래에 첨부한 URL은 우리 회사의 서비스와 특징을 알 수 있는 페이지야. URL의 내용을 충분히 검토해보고, 우리 회사의 SWOT 분석을 수행해줘. 강점(Strengths), 약점(Weaknesses), 기회(Opportunities), 위협(Threats)에 대해 각각 구체적으로 설명해줘. 시장 조사와 경쟁사 분석, 트렌드 분석 결과를 반영해서 통찰력 있는 시선으로 분석해보고, 경영 전문가의 입장에서 인사이트를 도출해야 해. 전체 내용은 표 형태로 정리해줘.

URL:

출력 내용

SWOT 분석

	요소	설명
강점 **(Strengths)**	다양한 강의 콘텐츠	직무별, 산업별로 다양한 맞춤형 강의를 제공하여 폭넓은 학습자층을 대상으로 함
	유명 강사진	각 분야의 전문가 및 유명 강사를 통해 높은 교육 품질을 보장함
	실시간 상호작용 기능	라이브 강의 및 실시간 Q&A를 통해 학습자와의 상호작용을 극대화함
	모바일 최적화	모바일에서도 쉽게 접근 가능하도록 최적화된 플랫폼을 제공함
	개인 맞춤형 학습 경로 제공	AI를 활용한 개인 맞춤형 학습 경로 추천 시스템을 운영하여 학습 효율성을 높임

	요소	설명
약점 **(Weaknesses)**	높은 비용	일부 고급 강좌의 경우 비용이 높아 일부 사용자에게 접근성 제한 가능
	제한된 국제적 접근성	콘텐츠의 주요 타깃이 국내 시장에 한정되어 있어 국제적인 확장성 부족
	콘텐츠 업데이트 필요성	급변하는 산업 트렌드에 맞춰 콘텐츠를 지속적으로 업데이트해야 하는 부담
	플랫폼 사용성 개선 필요	사용자 경험(UX) 및 인터페이스(UI) 개선 필요
	마케팅 전략 부족	경쟁사 대비 마케팅 전략이 다소 부족하여 브랜드 인지도 향상이 필요

	요소	설명
기회 **(Opportunities)**	온라인 교육 시장 성장	전 세계적으로 온라인 교육 수요 증가로 인해 시장 성장 가능성 큼
	AI 및 기술 도입 확대	AI와 머신러닝을 활용한 교육 기술 도입이 확대됨에 따라 새로운 서비스 제공 가능
	모바일 학습 확대	모바일 학습의 중요성이 증가하고 있어 관련 서비스 강화 시 경쟁력 향상
	기업 교육 수요 증가	기업들의 직원 교육 및 재교육 수요 증가로 B2B 시장 확장 가능성
	국제 시장 진출	한국 외 국제 시장으로의 진출을 통해 새로운 고객층 확보 가능

	요소	설명
위협 **(Threats)**	경쟁 심화	다양한 교육 플랫폼의 등장으로 인해 경쟁 심화
	기술 변화 속도	빠른 기술 변화에 대응하지 못할 경우 시장에서 도태될 위험
	경제 불확실성	경제 불황 시 교육 서비스에 대한 지출 감소 가능성
	고객 요구 변화	학습자들의 요구와 기대가 빠르게 변화함에 따라 이에 대응하지 못할 경우 고객 이탈 가능성
	보안 및 개인 정보 보호 문제	온라인 플랫폼 운영 시 보안 및 개인정보 보호 문제 발생 가능

우리 회사의 SWOT 분석을 위해서는 관련 자료가 필요할 것입니다. 우리 회사의 소개 자료를 PDF 파일 형태로 첨부하거나, 위의 프롬프트에서처럼 우리 기업의 사업 내용과 특징 등이 잘 드러나는 특정 온라인 URL을 제공하는 방식으로 정보와 풍부한 맥락을 줄 수 있습니다.

URL을 인식할 수 있는지 여부는 생성형 AI의 특징에 따라 다르지만, GPT-4o에서는 기본적으로 외부 URL의 인식이 가능하기 때문에 URL 주소를 주는 것만으로도 쉽고 빠르게 정보와 맥락을 제시할 수 있다는 것이 장점입니다. 그럼에도 언제나 생성형AI는 환각현상을 일으킬 수 있기에 한 번쯤은 제대로 된 내용인지 결과물을 확인해 보시는 것도 좋습니다.

URL 내용을 기반으로 우리 회사의 특징을 이해하고 강점, 약점, 기회, 위협 등의 SWOT 내용을 분석했습니다. SWOT은 잘 알려져 있는 분석 프레임워크이기는 하지만, 이에 익숙하지 않은 사람들이 올바르게 정리하기가 쉽지 않은 프레임워크이기도 합니다. 하지만 이렇게 생성형 AI를 활용해서 SWOT 분석의 초안을 작성한다면 작업이 훨씬 수월해지겠죠.

💡 전략적 제안 도출

이렇게 시장의 내용을 충분히 파악했다면, 마지막으로 앞선 분석 결과를 바탕으로 전략적인 제안을 도출해야 합니다. 이 모든 프롬프트는 하나의 채팅 세션에서 진행해서 챗GPT가 앞의 맥락을 모두 이해한 상태로 내용을 도출할 수 있도록 진행하는 것이 중요합니다.

시장 현황 조사와 고객 분석, 경쟁사 분석, 트렌드 분석과 SWOT 분석 내용을 모두 종합해서 전략적 제안을 도출해보았습니다. 이렇게 실제 업무의 프로세스를 감안해서 프롬프트 워크플로를 구성한다면, 시장 분석의 각 단계를 체계적으로 수행할 수 있습니다.

아이디어 제너레이터,
AI로 신사업 기획 뚝딱

이번에는 전략 기획 업무 중에서도 새로운 성장 동력을 찾기 위해 중요한 신사업 기획 업무를 생각해보겠습니다. 여기에는 새로운 사업에 대한 아이디어를 도출하는 것에서부터 각각의 아이디어를 검토하고 평가하면서 실질적인 타깃 고객군을 설정하는 것까지 다양한 일들이 포함될 수 있겠죠. 시장 분석과 같이 신사업 기획 역시 여러 개의 연속적인 업무로 구분해서 생각할 수 있습니다. 이러한 부분을 고려해서 신사업 기획을 위한 워크플로를 다섯 단계로 구분해보았습니다.

신사업 아이디어 발굴 → 아이디어 평가 및 선정 → 목표 사업 모델 설정 →

고객 페르소나 선정 → 경험 시나리오 작성 및 전략 방향 설정

이 흐름을 바탕으로 각각의 프롬프트를 구상해보죠. 이번에는 우리 회사가 스마트 홈 솔루션을 개발해서 제공하는 회사라고 가정하면서 작업해보겠습니다.

💡 신사업 아이디어 발굴

무작정 아이디어를 도출해달라고 하는 것보다 산업에 대한 이해도를 높인 다음 아이디어를 발굴하면 더욱 의미 있는 결과물을 얻을 수 있습니다. AI와 함께 시장의 트렌드와 주목받는 기술, 주요 경쟁사의 신사업과 함께 강점과 약점을 분석해봅니다. 시장의 현황을 파악한 다음, 우리 회사가 시도할 수 있는 아이디어를 정리하는 방식으로 접근하면 AI가 산업에 대한 이해를 가지고 있는 상태에서 아이디어를 도출할 수 있기 때문에 좋습니다.

입력 프롬프트

스마트홈 솔루션 시장에서 현재 주목받고 있는 트렌드와 성장 가능성이 큰 기술들을 정리해줘. 한국에서 스마트홈 솔루션을 제공하는 주요 경쟁사들의 신사업 아이디어와 최근 출시된 제품들을 조사하고, 각 경쟁사의 강점과 약점을 분석해줘. 조사한 내용을 바탕으로 우리 회사가 새롭게 시도할 수 있는 차별화된 아이디어를 개조식으로 10개 제안해줘.

주요 트렌드를 조사하면서 어디에서 정보를 참고했는지 출처가 제공됩니다. URL을 확인하면서 실제 정보가 맞는지 팩트 체크가 가능합니다. 스마트 홈의 주요 트렌드를 정리했고, 경쟁사에 네 곳에 대한 간단한 정보를 얻을 수 있었습니다. 이를 바탕으로 열 가지의 차별화된 아이디어를 제안받을 수 있습니다.

💡 아이디어 평가 및 선정

아이디어를 도출했다면 각각의 아이디어가 어느 정도의 실현 가능성과 잠재력이 있는지 평가하는 것이 중요합니다. 아이디어를 평가하는 기준을 직접 제시해도 좋지만, 평가 기준을 AI에게 제안해달라고 하는 방법도 좋습니다. 아래의 프롬프트를 통해 아이디어별 개요 정리, 평가 기준 도출, 실제 평가와 우선순위 선정까지 진행해봅니다.

> **입력 프롬프트**
>
> 위에서 제안한 신사업 아이디어들을 기반으로, 각 아이디어의 개요와 시장 잠재력, 기술적 가능성, 예상 비용 등을 포함해서 개조식으로, 또한 각 항목을 고려해서 신사업 아이디어를 평가할 수 있는 기준을 제안하고, 각 기준에 대한 설명을 추가해줘. 마지막에는 이 평가 기준을 바탕으로 각 아이디어들을 평가하고 우선순위를 매겨줘. 각 아이디어의 점수와 평가 결과를 표로 정리해줘.

이런 정리를 할 때에는 표 형태로 출력해달라는 프롬프트를 활용하면 좋습니다. 다양한 항목들을 일목요연하게 정리할 수 있고, 한 눈에 내용을 파악하기에 편리하기 때문입니다.

목표 사업 모델 설정

아이디어를 평가했다면 평가 점수와 우선순위를 감안해 구체적으로 아이디어를 발전시켜나가는 단계로 갑니다. 여기에서는 '비즈니스 모델 캔버스'라는 단어를 활용해서 아이디어를 구체화해달라고 해봅니다. 비즈니스 모델 캔버스(Business Model Canvas, BMC)는 비즈니스에 포함되어야 하는 아홉 가지 핵심 요소들을 중심으로 정리하는 경영 전략 템플릿입니다.

입력 프롬프트

평가 결과와 우선순위를 고려해서 도출한 두 개의 아이디어를 구체화하고 싶어. 각각의 사업 아이디어에 대해 비즈니스 모델 캔버스를 작성해줘. 고객 세그먼트, 가치 제안, 채널, 고객 관계, 수익원, 주요 자원, 핵심 활동, 파트너, 비용 구조 등을 포함해서 표 형태로 정리해줘. 그다음, 설정된 각각의 사업 모델별로 수익 구조를 분석해줘. 예상되는 수익원과 그 규모, 비용 구조를 자세하게 설명하고, 예상되는 수익성과 비용을 그래프로 시각화해줘.

출력 내용

맞춤형 스마트 조명 시스템

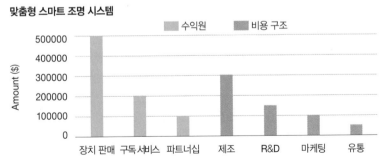

통합 홈 오피스 솔루션

범례: 수익원 / 비용 구조
Y축: Amount ($), 0 ~ 400000

비즈니스 모델 캔버스

1. 맞춤형 스마트 조명 시스템	
항목	내용
고객 세그먼트	주택 소유자, 스마트 홈 애호가, 에너지 절약에 관심 있는 소비자
가치 제안	최적화된 조명을 통한 에너지 절약, 편리한 자동화 조명 제어, 향상된 가정 분위기
채널	온라인 스토어, 스마트 홈 소매점, 부동산 개발업체와의 파트너십
고객 관계	자동화된 고객 지원, 커뮤니티 포럼, 개인 맞춤형 추천
수익원	장치 판매, 고급 기능을 위한 구독 서비스, 파트너십
주요 자원	R&D 팀, 제조 시설, 유통 네트워크
핵심 활동	제품 개발, 마케팅 및 판매, 고객 지원
주요 파트너	스마트 홈 플랫폼, 조명 제조업체, 에너지 회사
비용 구조	제조 비용, R&D 비용, 마케팅 비용, 유통 비용

2. 통합 홈 오피스 솔루션	
항목	내용
고객 세그먼트	재택 근무자, 소규모 비즈니스 소유자, 홈 오피스 애호가
가치 제안	사무실과 가정 환경의 원활한 통합, 생산성 향상, 향상된 원격 근무 경험
채널	온라인 플랫폼, 사무용품 소매점, 기업 파트너십
고객 관계	24/7 고객 지원, 온라인 튜토리얼 및 웨비나, 개인 맞춤형 설정 지원
수익원	구독료, 일회성 설정 비용, 프리미엄 지원 패키지
주요 자원	소프트웨어 개발 팀, 고객 지원 팀, 사무용품 공급업체와의 파트너십
핵심 활동	플랫폼 개발, 고객 확보, 기술 지원
주요 파트너	사무용품 공급업체, 소프트웨어 제공업체, 통신 회사
비용 구조	소프트웨어 개발 비용, 고객 지원 비용, 마케팅 비용, 파트너십 비용

GPT-4o로 모델이 업데이트되면서 강화된 것 중 하나가 데이터 분석과 시각화입니다. 테이블을 생성하고 다운로드를 제공하는 능력도 기존 모델이 비해 굉장히 좋아졌습니다. 특히 무료 사용자들도 이런 기능을 체험해 볼 수 있기 때문에 업무의 더욱 다양한 측면에 AI를 활용할 수 있게 되었습니다.

표 형태로 작성해주는 답변은 오른쪽 위 상단에 다운로드 버튼과 테이블을 확장해서 볼 수 있는 버튼(Expand table)이 있습니다. 이 버튼을 선택하면 모니터 화면에 꽉 차게 테이블을 확대해서 보여줍니다. 마우스나 커서를 움직이면 각각의 셀을 선택할 수도 있습니다.

특정 셀을 선택하면 프롬프트 입력창에 해당 셀의 내용이 자동으로 들어가는 것을 볼 수 있습니다. 즉, 선택한 셀의 내용을 기반으로 내용을 수정하거나 추가적인 프롬프트를 요청할 수 있다는 것입니다.

원하는 작업을 수행했다면 표의 오른쪽 상단에 있는 버튼을 눌러 다시 테이블을 작게 만들고(Collapse table) 기존과 같은 프롬프트 화면에서 작업을 이어갈 수 있습니다.

🔆 고객 페르소나 선정

비즈니스 모델을 구체화했다면 이번에는 고객을 구체적으로 상상하는 단계가 필요합니다. 우리의 제품이나 서비스를 사용하는 이들이 어떤 고객일지 자세하게 정의함으로써 어떤 부분을 중요하게 여기고 만들어야 하는

지, 또 홍보 방향은 어떻게 하면 좋을지 결정할 수 있기 때문입니다. 여기에서는 '고객 페르소나'라는 표현을 활용해서 고객군을 구체적으로 도출해보겠습니다.

입력 프롬프트

새롭게 설정된 2개의 사업 모델에 맞게 각각 목표 고객을 세분화해줘. 각 세그먼트의 특징과 니즈를 상세하게 도출해주면 좋겠어. 그다음 목표 고객 세그먼트를 기반으로 대표적인 고객 페르소나를 작성해줘. 각 페르소나의 인구통계학적 정보, 행동 패턴, 니즈와 요구사항, 문제점 등을 최대한 자세하게 표 형태로 정리해주면 좋겠어.

출력 내용

맞춤형 스마트 조명 시스템

고객 세그먼트 및 특징

1. 주택 소유자

- 특징: 중산층 이상의 가정, 주택을 소유하고 있어 집의 환경 개선에 관심이 많음
- 니즈: 에너지 비용 절감, 집 안의 조명 환경 개선, 스마트 홈 기술 도입에 관심

2. 스마트 홈 애호가

- 특징: 최신 기술과 트렌드를 빠르게 받아들이는 사람들, 스마트 홈 기기에 높은 관심
- 니즈: 최신 기술을 통한 집 안 환경 최적화, 자동화된 시스템을 통한 편리함

3. 에너지-conscious 소비자

- 특징: 환경보호와 에너지 절약에 관심이 많은 소비자
- 니즈: 에너지 절약, 탄소발자국 감소, 효율적인 에너지 사용을 통한 비용 절감

고객 페르소나			
항목	주택 소유자 (Persona 1)	스마트 홈 애호가 (Persona 2)	에너지-conscious 소비자 (Persona 3)
이름	김민수	이지혜	박준영
연령	45세	30세	35세
성별	남성	여성	남성
직업	IT 회사 관리자	프리랜서 디자이너	환경 NGO 활동가
거주지	서울 강남구	서울 마포구	부산 해운대구
소득 수준	중상	중상	중

행동 패턴	주말에 가족과 함께 집에서 머무르는 시간 많음	최신 기술 블로그 구독, 새로운 기기 테스트	환경 관련 세미나 참석, 에너지 절약 방법 공부
니즈와 요구사항	에너지 절약, 편리한 조명 제어	최신 기술 적용, 편리한 생활환경	에너지 절약, 환경보호
문제점	기존 조명 시스템의 비효율성	다양한 기기 간의 호환성 문제	에너지 사용량 모니터링의 어려움

통합 홈 오피스 솔루션

고객 세그먼트 및 특징

1. 재택근무자

- 특징: 재택근무를 주로 하는 직장인, 유연한 근무 시간
- 니즈: 생산성 향상, 업무 환경의 편의정 증대, 원격 협업 도구

2. 소규모 비즈니스 소유자

- 특징: 소규모 비즈니스 운영자, 자택에서 업무를 보는 경우 많음
- 니즈: 효율적인 업무 공간 관리, 비즈니스 운영 비용 절감

3. 홈 오피스 애호가

- 특징: 집 안에 전문적인 업무 공간을 꾸미고 싶은 사람들

고객 페르소나			
항목	재택근무자 (Persona 4)	소규모 비즈니스 소유자 (Persona 5)	홈 오피스 애호가 (Persona 6)
이름	최수진	김영호	이선영
연령	28세	40세	35세
성별	여성	남성	여성
직업	마케팅 매니저	온라인 쇼핑몰 운영자	프리랜서 작가
거주지	서울 강동구	대전 서구	경기 성남시
소득 수준	중	중상	중상
행동 패턴	주중 대부분 집에서 근무, 팀원과 원격 협업	자택에서 업무 처리, 주기적으로 비즈니스 미팅	집 안의 다양한 공간을 업무 공간으로 활용
니즈와 요구사항	생산성 향상, 편리한 원격 협업 도구	업무 공간의 효율적 관리, 비용 절감	고급스러운 업무 환경, 개인 맞춤형 공간 설계
문제점	집중력 유지의 어려움, 업무 공간과 생활 공간의 분리 문제	업무 공간 최적화의 어려움, 비용 부담	기존 공간의 한계, 맞춤형 디자인 및 기능 제공의 어려움

두 개의 비즈니스 모델에 대한 각각의 고객 페르소나가 만들어졌습니다. 이름과 나이, 성별과 직업, 행동 패턴까지 상세한 시나리오들이 도출된 셈입니다.

💡 경험 시나리오 작성 및 전략 방향 설정

고객 페르소나가 만들어졌다면 고객들이 제품이나 서비스를 사용하는 상황을 가정해보는 것이 좋습니다. 이것을 '경험 시나리오'라고 합니다. 고객의 이용 상황이나 경험을 구체적으로 만들어서, 어디에 주목해야 하는지 구체적으로 도출해낼 수 있습니다. 이때, 어떤 제품과 어떤 페르소나를 매칭하면 좋을지는 우리의 선택입니다. 가장 적합한 페르소나를 선택해서 구체적인 경험 시나리오를 도출해봅시다.

입력 프롬프트

제안해준 고객 페르소나 중에서 아래의 두 페르소나 각각에 대해 우리 제품을 이용하는 경험 시나리오를 작성해줘. 그 과정에서 겪을 수 있는 페인 포인트(pain point) 3개를 도출해보고, 해당 내용을 감안해서 우리 회사가 집중해야 하는 제품 전략을 간략하게 제안해줘.

맞춤형 스마트 조명 시스템 – 스마트 홈 애호가 (Persona 2)

통합 홈 오피스 솔루션 – 재택근무자 (Persona 4)

출력 내용

맞춤형 스마트 조명 시스템 – 스마트 홈 애호가 (Persona 2 이지혜)

경험 시나리오

1. 시작: 이지혜는 최신 스마트 홈 기술에 관심이 많아 맞춤형 스마트 조명 시스템을 구입한다.

온라인 스토어에서 다양한 옵션을 비교한 후 자신이 선호하는 제품을 선택하여 구매한다.

2. 설치 및 초기 설정: 제품을 수령한 후, 설치 가이드를 참고하여 집 안의 각 방에 조명을 설치한다. 스마트폰 앱을 다운로드하여 조명 시스템을 초기 설정하고, 와이파이 네트워크에 연결한다.

3. 사용: 이지혜는 스마트폰 앱을 통해 조명을 제어하고, 하루 일과에 맞춰 자동화된 조명 스케줄을 설정한다. 음성 명령을 통해 조명을 켜고 끄는 기능을 테스트하며 편리함을 느낀다.

4. 문제 발생: 앱과 조명 간의 연결 문제가 발생하여 일시적으로 조명을 제어할 수 없게 된다. 자동화된 스케줄 설정이 제대로 동작하지 않아 일정에 맞지 않게 조명이 켜지고 꺼지는 문제가 발생한다. 집 안에 설치된 다른 스마트 기기들과의 호환성 문제가 발생하여 일부 기능이 제한된다.

페인 포인트

1. 연결 문제: 스마트폰 앱과 조명 간의 일시적인 연결 문제로 인해 제어 불가능.

2. 자동화 설정 문제: 자동화된 스케줄 설정이 제대로 작동하지 않아 예상치 못한 시간에 조명이 켜지고 꺼짐.

3. 호환성 문제: 집안에 설치된 다른 스마트 기기들과의 호환성 문제로 기능 제한.

제품 전략 제안

1. 강력한 연결 안정성 확보: 고성능 와이파이 모듈과 최신 블루투스 기술을 적용하여 연결 문제를 최소화.

2. 자동화 설정 개선: 사용자 친화적인 인터페이스와 예측 기반 AI 알고리즘을 통해 자동화 설정의 정확성을 높임.

3. 호환성 강화: 다양한 스마트 홈 플랫폼과의 호환성을 보장하고, 새로운 기기와의 통합을 위한 지속적인 업데이트 제공.

통합 홈 오피스 솔루션 – 재택근무자 (Persona 4 최수진)

경험 시나리오

1. 시작: 최수진은 재택근무의 생산성을 높이기 위해 통합 홈 오피스 솔루션을 구입한다. 회사에서 제공한 온라인 플랫폼을 통해 다양한 패키지를 비교하고 구독 서비스를 선택한다.

2. 설치 및 초기 설정: 설치 가이드를 참고하여 집안의 업무 공간에 필요한 장비들을 설치하고 초기 설정을 완료한다. 플랫폼을 통해 각 장비를 연결하고, 업무 환경에 맞춰 설정을 조정한다.

3. 사용: 최수진은 매일 아침 시스템을 통해 업무를 시작하며, 플랫폼을 통해 업무 스케줄을 관리한다. 원격 협업 도구를 사용하여 팀원들과 화상회의를 진행하고, 프로젝트를 관리한다.

4. 문제 발생: 시스템 업데이트로 인해 일시적으로 일부 기능이 제대로 동작하지 않게 된다. 원격 협업 도구의 연결 문제가 발생하여 회의 중에 끊김 현상이 발생한다. 플랫폼의 사용자 인터페이스가 복잡하여 새로운 기능을 사용하는 데 어려움을 겪는다.

페인 포인트

1. 시스템 업데이트 문제: 업데이트 후 일부 기능이 제대로 작동하지 않음.

2. 원격 협업 도구 연결 문제: 화상회의 중 끊김 현상이 발생하여 업무 지연.

3. 복잡한 사용자 인터페이스: 플랫폼의 인터페이스가 복잡하여 새로운 기능 사용 어려움.

제품 전략 제안

1. 무중단 업데이트 시스템: 시스템 업데이트 시에도 사용자가 영향을 받지 않도록 무중단 업데이트 방식을 도입.

2. 안정적인 원격 협업 도구: 고성능 서버와 최신 네트워크 기술을 적용하여 원격 협업 도구의 안정성을 확보.

3. 사용자 친화적 인터페이스: 직관적이고 쉽게 접근할 수 있는 사용자 인터페이스를 설계하고, 교육 자료 및 튜토리얼을 제공.

이렇게 가상의 경험 시나리오를 통해서 고객이 겪을 수 있는 문제점이나 불편함을 알아보고 거기에 맞는 전략을 수립하는 것입니다. 쉽게 말해, 고객이 가려운 부분을 정확하게 긁어줄 수 있는 방법을 생각해보는 단계라고 할 수 있겠습니다.

이런 워크플로를 통해 우리는 사업 아이디어를 도출하는 것에서부터 시작해서 구체적인 비즈니스 모델 작성과 고객 타깃군 설정 및 그에 따른 전략 수립까지 진행을 할 수 있습니다.

단계별로 차근차근, 사업계획서 작성 뽀개기

전략 기획 업무 중에서 빈도는 비교적 낮지만 중요도가 가장 높은 것 중 하나가 바로 사업계획서 작성입니다. 사업계획서는 회사의 새로운 사업이나 프로젝트를 시작하기 전에 작성하는 중요한 문서로, 사업의 목표, 전략, 실행 방안, 예산 등을 구체적으로 기술해야 하죠. 사업계획서는 경영진의 의사결정을 돕고, 투자자나 이해관계자들에게 사업의 타당성과 성공 가능성을 설득하는 데 핵심적인 역할을 합니다.

중요한 문서인 만큼 사업계획서를 작성하는 과정은 만만치 않습니다. 특히 요즘처럼 시장과 사업 환경이 빠르게 변화하는 상황에서 정확한 예측이 어렵다는 점, 방대한 분량의 정보를 효과적으로 정리하고 전달해야 한다는 점은 특히나 큰 장벽입니다.

이러한 어려움을 마주친다면 챗GPT와 같은 생성형 AI가 큰 도움이 될 수 있습니다. 앞서 보았듯 시장조사 및 분석 단계에서 필요한 정보를 빠르게 찾아주고, 관련된 정보를 효과적으로 정리해주기 때문에 초안 작성의 시간과 노력을 크게 줄여줄 수 있죠. 또 과거 사례에 대한 분석을 통해 리스크 요인과 대응 방안에 대한 인사이트를 제공하는 등 사업계획 수립의 전 과정에서 실질적인 조수 역할을 할 수 있습니다.

다만 그 한계점을 확실히 아는 것이 중요합니다. 생성형 AI의 결과물은 어디까지나 확률적 예측에 기반한 것이고, 일부 검색을 통한 출처를 확인할 수 있다고 해도 여전히 할루시네이션(환각)이라는 위험성이 존재하기 때문입니다. 결국 전략 기획 담당자는 출력된 결과물을 비판적으로 검토하고 자신의 경험과 지식을 활용해서 의사결정을 내려야 합니다.

사업계획서를 작성하는 과정은 각자 차이가 있겠지만, 대표적으로 포함되어야 하는 업무는 아래와 같이 정리할 수 있습니다.

시장 분석: 산업 개요 및 트렌드 분석, 경쟁사 분석, 고객 분석

사업 목표: 사업 목표 및 전략 수립

마케팅 및 영업 전략: 마케팅 전략, 영업 전략

운영 계획: 생산 계획, 공급망 관리 계획

재무 계획: 재무 예측, 자금 조달 계획

리스크 분석 및 관리: 리스크 식별 및 분석, 리스크 관리 전략

사업계획서 작성: 전체 내용 초안 작성 및 검토, 수정

단계	프롬프트
1. 시장조사 및 분석	우리 회사는 친환경 포장지를 제조하는 기업이야. 사업계획서 작성을 위해 포장지 시장에 대한 조사와 분석이 필요해. 국내외 포장지 시장의 규모, 성장률, 트렌드, 주요 경쟁사 등을 중심으로 A4 10매 내외로 정리해줄래? 특히 친환경 포장지 시장의 전망과 소비자 니즈에 대해 자세히 알려주면 좋겠어. SWOT 분석 프레임워크를 활용해서 우리 회사의 강점, 약점, 기회, 위협 요인도 짚어주면 좋겠어. (Tip. 자사의 기업소개서나 IR, PR 자료를 첨부하면 더욱 좋습니다.)
2. 사업 목표 및 전략 수립	앞서 분석한 시장조사 결과를 토대로 우리 회사의 사업 목표와 전략을 수립하고자 해. 향후 5년간의 매출 목표, 시장 점유율 목표, 제품 포트폴리오 확대 계획 등을 구체적인 수치로 제시하고, 이를 달성하기 위한 차별화 전략, 제품 개발 전략, 유통 전략 등을 단계별로 설명해줄래? 전략 수립 시 SMART(구체적, 측정 가능, 달성 가능, 현실적, 시간 제한적) 기준을 적용해주면 좋겠어. (Tip. 자사의 재무제표나 분기보고서, 사업보고서 등 공시 자료를 첨부하면 더욱 좋습니다.)
3. 마케팅 및 영업 계획 작성	우리 회사의 친환경 포장지 제품의 USP (Unique Selling Proposition)는 무엇일까? 그걸 바탕으로 타깃 고객을 설정하고, 가격 정책, 채널 전략, 프로모션 계획 등 마케팅 믹스 전략을 수립해보자. 신규 고객 확보와 기존 고객 유지를 위한 영업 전략도 함께 고민해주면 좋겠어. 4P (Product, Price, Place, Promotion) 프레임워크를 활용해서 체계적으로 전략을 수립해줘.
4. 재무 계획 수립	사업 목표 달성을 위해서 재무적 타당성 검토를 수행해야 해. 기존 재무보고서를 기반으로 향후 5년간의 매출 및 비용 추정, 손익계산서, 재무상태표, 현금흐름표 등 재무제표를 작성하고, 투자 규모, 자금 조달 계획, 손익분기점 분석 등을 수행해줘. 재무 분석 시 NPV, IRR, 투자회수기간 등의 지표를 활용해서 사업의 경제성을 객관적으로 판단해줘. 친환경 소재 도입에 따른 원가 상승 요인 등 리스크 요인도 함께 분석해줘. (Tip. 자사의 재무제표와 분기보고서, 사업보고서, 기존 재무보고서 등을 충분히 활용해주세요.)
5. 리스크 분석 및 대응 방안 마련	사업 추진 과정에서 발생할 수 있는 다양한 리스크 요인을 예측하고 평가해줘. 친환경 포장지 사업의 주요 리스크로는 원자재 가격 변동, 환경 규제 강화, 경쟁사의 시장 진입 등이 있을 거야. 발생 가능성과 영향도를 기준으로 리스크 요인을 평가하고, 회피, 전가, 경감, 수용 등의 대응 전략을 수립해보자. 리스크 관리를 위한 의사결정나무(Decision Tree)를 활용해도 좋아. 분석한 내용은 표 형태로 정리해줘.
6. 사업계획서 개요 작성	지금까지 논의한 내용을 바탕으로 사업계획서 개요를 작성해보자. 회사 개요, 사업 목표, 시장 분석, 사업 전략, 마케팅 및 영업 계획, 재무 계획, 리스크 관리 계획 등을 체계적으로 정리하고, 논리적인 사고를 통해 먼저 전체 목차를 작성하고, 각각의 목차로 어떤 내용들이 들어가야 하는지 대략적인 개요를 작성해줘. 사업계획서에 꼭 포함되어야 할 항목들을 빠짐없이 다루었는지, 일관성과 논리성이 있는지, 데이터로 뒷받침되는지 등을 면밀히 체크해주면 좋겠어.
7. 사업계획서 부분별 세부 내용 작성	작성한 개요가 마음에 들어. 이제 1장부터 시작해서 내용을 작성해보자. 위에서 작성한 개요를 바탕으로 1장의 내용을 최대한 세부적으로 자세하게 작성해줘. 전문적이고 정중한 말투를 사용하되 읽기 쉽도록 한 문장의 길이는 너무 길지 않게 작성해줘. 보고서의 말투는 '~함', '~임', '~음'처럼 끝내줘. 1장의 전체 분량은 한국어 2,000단어 분량으로 작성해줘.

앞과 같이 같이 단계별 프롬프트 예시를 준비해보았습니다. 각각의 시장과 산업 특성에 맞춰서 프롬프트를 수정해보고, 직접 입력해서 결과물을 정리해봅시다.

2장

타깃 고객 저격하는 마케터 되기, 마케팅/영업 직군

타깃 고객 저격하는
마케팅 전략 비법

시장에 우리의 새로운 제품과 서비스를 내놓고 홍보하는 일은 아주 중요합니다. 앞서 우리가 시장을 충분히 분석했다고 가정하고, 이번 장에서는 타깃 고객 프로파일링부터 시작해서 마케팅 전략을 수립하는 과정을 알아보겠습니다. 크게 네 가지 단계로 나누어 업무를 구분해보았습니다.

타깃 시장 설정 → 타깃 고객 프로파일링 →

제품 포지셔닝 → 마케팅 믹스 전략

그럼 이 워크플로에 맞추어 각각의 프롬프트를 작성해보겠습니다. 이번 장에서는 우리 회사가 스팀 기능을 탑재한 로봇 청소기를 출시했다고 가정해보겠습니다.

 타깃 시장 설정

제대로 된 타깃 시장 설정을 위해서는 우리 제품의 정보 등 구체적인 맥락을 제공하는 것이 좋습니다. 우리에 대해 많이 알수록 AI는 더 좋은 답변을 내놓을 수 있죠. 타깃 시장을 설정하는 과정에서는 시장을 어떻게 구분할 것인지의 대략적인 기준을 함께 알려준다면 좋습니다.

입력 프롬프트

우리 회사가 최근 스팀 기능이 포함된 로봇 청소기 신제품을 개발했어. 이 제품의 주 타깃 시장을 설정해보자. 로봇 청소기 시장을 인구통계학적 변수(연령, 성별, 소득수준, 가구 형태 등)와 라이프스타일(맞벌이, 육아, 반려동물 등)에 따라 세분화하고, 각 세분 시장의 특성과 니즈를 분석해서 우리 제품에 가장 적합한 타깃 시장을 제안해줘. 분석 결과는 표로 정리해주면 좋겠어.

출력 내용

세분 시장 분석 표

세분 시장	특성	니즈
35~44세 맞벌이 가구	시간이 부족한 맞벌이 부부, 육아 중	청소 시간 절약, 효율적인 청소, 바닥 위생 관리
반려동물 있는 가구	반려동물의 털과 오염 문제, 빈번한 청소 필요	반려동물의 털 제거, 바닥 위생 관리, 효율적인 청소 솔루션

스팀 기능이 포함된 로봇 청소기 신제품의 주요 타깃 시장은 '35~44세 맞벌이 가구'와 '반려동물 있는 가구'로 설정하는 것이 적절합니다. 이들은 청소의 효율성과 위생 관리를 중시하며, 최신 기술에 대한 관심도가 높아 스팀 기능의 효용성을 크게 느낄 가능성이 큽니다.

세분화된 타깃 시장을 제안받았습니다. 인구통계학적 변수, 라이프스타일에 따라 세분화를 했고 그중에서 가장 적합하다고 판단된 타깃 시장이 정리되었습니다. 각각의 타깃들에 어떤 특징이 있고 니즈가 무엇일지도 알 수 있습니다.

💡 타깃 고객 프로파일링

타깃 시장이 정해졌다면 구체적인 페르소나를 만듭니다.

입력 프롬프트

각각의 타깃 시장에 대해 구체적인 타깃 고객 프로파일을 만들어보자. 타깃 시장 내에서 가장 이상적인 고객상을 페르소나로 구현하는 거야. 성별, 나이, 직업, 라이프스타일, 구매 패턴 등 구체적인 특성을 바탕으로 각각 3가지 타입의 페르소나를 만들어줘. 그리고 각 페르소나가 우리 제품에 기대하는 가치가 무엇일지도 분석해봐. 이 페르소나가 실제 구매 고객처럼 느껴질 수 있도록 최대한 디테일하게 묘사해줘. 전체 내용은 표 형태로 정리해줘.

출력 내용

타깃 시장별로 아주 구체적인 고객 페르소나를 정리해보았습니다. 각각의 가상 고객이 우리 제품에 기대하는 가치를 명확하게 파악하고 정리함으로써 마케팅의 방향성을 정하는 데 도움을 받을 수 있습니다.

35~44세 맞벌이 가구

항목	세부 사항
이름	박소연
성별	여성
나이	36세

직업	금융 컨설턴트
라이프 스타일	평일에는 고객 미팅과 상담으로 바쁨, 주말에는 취미 생활(요가, 독서)을 즐김, 육아와 가사를 남편과 분담, 하루 일과 후에는 가족과 함께 시간을 보내는 것을 중요시함
구매 패턴	가전제품은 기능과 디자인을 중시하여 구매, 평소 친구들과 제품 리뷰 공유, 주로 오프라인 매장 방문 후 온라인으로 구매
기대하는 가치	효율적인 청소, 바닥 위생 관리, 집안의 청결을 유지하면서도 가족과의 시간을 더 많이 확보

반려동물 있는 가구

항목	세부 사항
이름	강현우
성별	남성
나이	38세
직업	건축 엔지니어
라이프 스타일	반려묘(페르시안)를 키우며 주 6일 근무, 출퇴근 시간이 일정하지 않음, 주말에는 집에서 휴식을 취하며 반려묘와 시간을 보냄, 청결과 위생 관리 중요시
구매 패턴	반려동물 관련 제품과 가전제품은 주로 온라인으로 구매, 최신 기술과 기능성 중시, 제품의 내구성과 품질을 중요시
기대하는 가치	반려동물의 털 제거, 바닥 위생 관리, 청소 시간 절약

💡 제품 포지셔닝

　타깃 시장에 대해 이해했다면 이번에는 각각의 고객군에 대해 우리 제품이 어떻게 포지셔닝되면 좋을지 생각해봅니다. 이 단계에서는 우리의 제품 외에도 경쟁사를 함께 고려해야 합니다. 내용 중 포지셔닝 맵의 시각적 표현은 챗GPT가 강점을 가진 부분입니다. 다른 AI에서는 그려주지 않을 수 있다는 점을 감안하시기 바랍니다.

여기에서는 경쟁사 제품에 대한 구체적인 정보를 주는 것이 좋습니다. 예시에서는 구체적으로 작성하지 않았지만, 우리가 파악하고 있는 경쟁사 제품의 주요 특징과 장단점을 알려준다면 더욱 정확하게 포지셔닝 맵을 도출할 수 있습니다.

기능성과 가격을 기준으로 포지셔닝 맵이 도출할 수 있습니다. 이를 통해 우리 제품이 어떻게 고객에게 어필되는 것이 좋을지 파악할 수 있습니다.

🔅 마케팅 믹스 전략

이제 본격적인 마케팅 전략을 수립해 봅니다. 여기에서는 '4P 전략'을 활용합니다. 4P란 제품(Product), 가격(Price), 홍보(Promotion), 유통(Place)

의 머리글자를 딴 것으로, 제품이나 서비스에 대한 마케팅 전략을 구성하고 계획하기 좋은 프레임워크입니다.

이 단계에서 구체적인 마케팅 목표나 예산, 기간 등이 있다면 해당 정보를 입력해서 더 좋은 답변을 받을 수 있습니다.

AI카피라이터와 콜라보,
광고 크리에이티브의 신세계

사내에 마케팅 전략이 수립된 상황이라면 이제 구체적인 홍보를 위한 다양한 광고 전략을 세워야 합니다. 생성형 AI의 능력이 잘 발휘되는 분야 중 하나가 바로 아이디어 도출이죠. 방대한 학습 데이터를 기반으로 인간이라면 쉽게 생각해내지 못하는 색다른 시각으로 '창의적'인 방안을 제안해줄 수 있기 때문입니다.

이런 AI의 능력은 구체적인 광고 실행 단계에서 더욱 쓸모가 있습니다. 구체적인 마케팅 실행을 위해 세 가지 단계로 업무를 구분하고 프롬프트를 구상해봅시다.

프로모션 기획 → 카피라이팅 → SNS 홍보 문구 작성

상당히 압축된 워크플로입니다. 실제 업무에서는 조금 더 세분화된 프로세스로 진행되겠지만, 기본적인 스텝으로 세 단계의 프롬프트를 통해 진행해보겠습니다.

💡 프로모션 기획

먼저 기획 단계입니다. 다양한 프로모션의 아이디어를 도출하는 단계로, 종합적인 계획을 표 형태로 요청해봅니다.

입력 프롬프트

우리 스팀 로봇 청소기의 제품 출시 후 초기 판매를 촉진하기 위해 프로모션 기획이 필요해. 출시 기념 할인, 쿠폰 제공, 사은품 증정, 체험단 모집 등 다양한 프로모션 아이디어를 제안해주되, 우리 타깃 고객의 니즈와 제품의 특성을 고려한 프로모션 아이디어를 도출해야 해. 각 프로모션별로 매체별 일정, 예산, 목표, 기대 효과, 구체적인 실행 방안, 예상 비용을 포함해서 종합적인 프로모션 플랜을 표 형태로 수립해줘.

출력 내용

종합 프로모션 계획							
프로모션명	매체	일정	예산	목표	기대 효과	구체적인 실행 방안	예상 비용
출시 기념 할인	온라인, 오프라인	출시 후 1개월	1억 원	초기 구매 유도, 입소문 형성	초기 판매량 증가, 브랜드 인지도 상승	– 자사 웹사이트 및 전자상거래 플랫폼에서 10% 할인 – 오프라인 매장에서 동시 진행	1억 원

쿠폰 제공	소셜 미디어, 이메일	출시 후 2개월	3천만 원	구매 전환율 증가, 잠재 고객 확보	추가 구매 유도, 잠재 고객 확보	− 소셜 미디어 및 이메일을 통해 할인 쿠폰 제공 − 일정 금액 이상 구매 시 추가 쿠폰 발급	3천만 원
사은품 증정	온라인, 오프라인	출시 후 1개월	5천만 원	고객 만족도 증대, 브랜드 충성도 강화	고객 만족도 증가, 재구매 유도	− 초기 구매 고객에게 청소 관련 사은품 제공 − 스팀 청소기 전용 액세서리 등 증정	5천만 원
체험단 모집	블로그, 유튜브	출시 후 1개월	2천만 원	제품 리뷰 생성, 입소문 마케팅	긍정적 리뷰 생성, 입소문 확산	− 유명 블로거 및 유튜버를 통해 체험단 모집 − 체험 후 리뷰 작성 유도	2천만 원

상세 프로모션 계획

출시 기념 할인

- 매체: 온라인(자사 웹사이트, 쿠팡, 11번가, 네이버 스마트스토어), 오프라인(하이마트, 전자랜드, 이마트, 롯데마트)
- 일정: 제품 출시 후 1개월 동안
- 예산: 1억 원
- 목표: 초기 구 매 유도, 입소문 형성
- 기대 효과: 초기 판매량 증가, 브랜드 인지도 상승
- 구체적인 실행 방안:
    - 자사 웹사이트 및 주요 전자상거래 플랫폼에서 10% 할인 제공
    - 오프라인 매장에서 동시 할인 진행
- 예상 비용: 1억 원(할인 비용 및 광고비)

쿠폰 제공

- 매체: 소셜 미디어(페이스북, 인스타그램), 이메일 마케팅
- 일정: 제품 출시 후 2주 동안
- 예산: 3천만 원
- 목표: 구매 전환율 증가, 잠재 고객 확보
- 기대 효과: 추가 구매 유도, 잠재 고객 확보
- 구체적인 실행 방안:
    - 소셜 미디어 및 이메일을 통해 할인 쿠폰 제공
    - 일정 금액 이상 구매 시 추가 쿠폰 발급

- 예상 비용: 3천만 원(쿠폰 제공 및 광고비)

사은품 증정

- 매체: 온라인(자사 웹사이트, 전자상거래 플랫폼), 오프라인(주요 가전 매장)
- 일정: 제품 출시 후 1개월 동안
- 예산: 5천만 원
- 목표: 고객 만족도 증대, 브랜드 충성도 강화
- 기대 효과: 고객 만족도 증가, 재구매 유도
- 구체적인 실행 방안:
    - 초기 구매 고객에게는 청소 관련 사은품 제공(예: 스팀 청소기 전용 액세서리)
- 예상 비용: 5천만 원(사은품 비용 및 마케팅 비용)

체험단 모집

- 매체: 블로그, 유튜브
- 일정: 제품 출시 후 1개월 동안
- 예산: 2천만 원
- 목표: 제품 리뷰 생성, 입소문 마케팅
- 기대 효과: 긍정적 리뷰 생성, 입소문 확산
- 구체적인 실행 방안
    - 유명 블로거 및 유튜버를 통해 체험단 모집
    - 체험 후 리뷰 작성 유도(포지티브 리뷰 강조)
- 예상 비용: 2천만 원(체험단 모집 비용 및 리뷰 비용)

종합 예산 및 일정

- 총 예산: 2억 원
- 일정: 제품 출시 후 2개월 동안 집중 프로모션 진행
    - 출시 후 1개월: 출시 기념 할인, 사은품 증정, 체험단 모집
    - 출시 후 2주: 쿠폰 제공

기대 효과

- 브랜드 인지도 향상: 초기 프로모션을 통해 브랜드 인지도가 높아져 장기적인 판매 증가에 기여
- 초기 판매 촉진: 할인 및 사은품 제공을 통해 초기 판매량을 극대화
- 입소문 마케팅: 체험단 및 리뷰를 통해 긍정적인 입소문 형성
- 고객 만족도 증대: 사은품 및 체험단 활동을 통해 고객 만족도 증가 및 브랜드 충성도 강화

이와 같은 전략을 통해 타깃 고객의 니즈를 충족시키고, 초기 시장 진입에 성공할 수 있을 것으로 기대됩니다.

출시 기념 할인과 쿠폰 제공, 사은품 증정, 체험단 모집의 네 가지 프로모션 방안을 계획했습니다. 이 단계에서 내부적으로 배정된 예산이 있다면 프롬프트 입력에 포함해서 조금 더 현실적인 계획을 세울 수 있겠습니다.

🔆 카피라이팅

홍보를 위해 중요한 것 중 하나는 고객들에게 깊은 인상을 남기기 위한 카피라이팅입니다. 임팩트 있는 카피 한 줄은 소비자의 눈길을 사로잡고 제품과 브랜드의 인지도를 높일 수 있죠. 이때, 하나의 카피라이팅을 요청하는 것이 아니라 충분한 카피를 요청하고 그중 마음에 드는 것을 기반으로 수정하거나 발전시켜나가는 방식이 좋습니다.

입력 프롬프트

우리 제품의 광고 카피와 홍보 문구를 작성하는 데 도움이 필요해. 소비자의 마음을 사로잡을 수 있는 임팩트 있고 감각적인 카피를 만들어주되, 제품의 핵심 가치와 타깃 고객의 니즈를 반영해야 해. 제품명, 브랜드 슬로건, 광고 헤드라인, 서브 카피 등 다양한 유형의 카피를 20개 이상 제안해줘. 제안된 카피에 대해서는 간단한 설명과 활용 아이디어도 곁들여주면 좋겠어.

출력 내용

제품명 및 브랜드 슬로건

제품명: 스팀클린 로봇 청소기

스팀 기능을 강조하는 간결하고 직관적인 제품명

브랜드 슬로건: 깨끗함의 새로운 기준

스팀 기능을 통해 제공하는 청결함의 차별성을 강조

광고 헤드라인 및 서브 카피

1. 헤드라인: 청소, 이제는 스팀으로!

스팀 기능을 강조하며 새로운 청소 방식을 제안

서브 카피: 로봇 청소기의 혁신, 스팀클린으로 만나세요

제품의 혁신성을 부각

2. 헤드라인: 청결과 위생을 한 번에, 스팀클린 로봇 청소기

청결과 위생 관리의 중요성을 강조

서브 카피: 가족의 건강을 지키는 최고의 선택

가족 건강을 위한 선택 강조

3. 헤드라인: 아이와 반려동물을 위한 안전한 바닥 관리

타깃 고객의 니즈를 반영

서브 카피: 스팀의 힘으로 더 깨끗하게, 더 안전하게

스팀 기능의 장점을 설명

4. 헤드라인: 맞벌이 부부의 시간을 절약해드립니다

맞벌이 가구의 시간 절약 니즈를 반영

서브 카피: 자동으로 청소하고, 스팀으로 살균하는 완벽한 솔루션

자동화와 살균 기능을 강조

5. 헤드라인: 바닥 위생, 스팀으로 완성하다

바닥 위생의 중요성을 강조

서브 카피: 스팀클린 로봇 청소기와 함께 더 건강한 삶을

건강한 생활을 강조

6. 헤드라인: 반려동물 털 걱정, 스팀클린이 해결합니다

반려동물 가구의 니즈를 반영

서브 카피: 매일매일 깨끗한 바닥, 스팀클린으로!

일상적인 청소의 편리함을 강조

7. 헤드라인: 강력한 스팀, 완벽한 청소

스팀의 강력한 청소 능력을 강조

서브 카피: 집안 구석구석, 스팀으로 깨끗하게

구석구석 청소의 효과를 강조

8. 헤드라인: 새로운 청소의 기준, 스팀클린

새로운 기준을 제시

서브 카피: 스팀으로 더 깊이, 더 깨끗하게

깊이 있는 청소를 강조

9. 헤드라인: 스팀의 힘, 로봇 청소기의 진화

스팀 기능이 로봇 청소기의 진화를 이끈다는 메시지

서브 카피: 최첨단 기술로 더 깨끗한 집을

첨단 기술의 장점을 강조

10. 헤드라인: 청소는 기계에 맡기고, 가족과 더 많은 시간을

맞벌이 가구의 시간 절약 니즈를 반영

서브 카피: 스팀클린으로 여유로운 생활을 누리세요

여유로운 생활을 강조

11. 헤드라인: 언제나 깨끗한 바닥, 스팀클린의 힘

지속적인 청결을 강조

서브 카피: 스팀으로 매일 깨끗하게

일상적인 청결 유지 강조

12. 헤드라인: 아이들의 놀이터, 깨끗한 집안 만들기

아이들이 안전하게 놀 수 있는 환경 강조

서브 카피: 스팀클린과 함께 안전하고 깨끗한 공간을

안전한 공간을 강조

13. 헤드라인: 스팀클린과 함께 건강한 집안 환경 조성

건강한 생활 환경 강조

서브 카피: 스팀의 힘으로 집안 위생을 업그레이드

집안 위생의 개선 강조

14. 헤드라인: 청소의 새로운 패러다임, 스팀클린

새로운 청소 방식 제안

서브 카피: 스팀의 강력함을 느껴보세요

스팀 기능의 강력함 강조

활용 아이디어

TV 및 온라인 광고

- "청소, 이제는 스팀으로!"와 "깨끗함의 새로운 기준"을 헤드라인으로 사용
- 가정 환경과 사용 장면을 연출하여 시청자에게 친근감을 주도록 연출

소셜 미디어 캠페인

- "반려동물 털 걱정, 스팀클린이 해결합니다"와 같은 메시지를 이미지 및 영상 광고로 제작
- 인스타그램 스토리 및 페이스북 광고로 활용

오프라인 매장 디스플레이

- "강력한 스팀, 완벽한 청소"와 "청소는 기계에 맡기고, 가족과 더 많은 시간을" 등을 매장 디스플레이에 사용
- 제품 체험존에서 사용

이메일 마케팅

- "아이와 반려동물을 위한 안전한 바닥 관리"와 "스팀클린으로 여유로운 생활을 누리세요" 등의 메시지를 이메일 캠페인으로 발송
- 쿠폰 제공과 결합하여 구매 유도

다양한 헤드라인과 서브 카피, 활용 아이디어까지 도출할 수 있습니다. 어떤 상황에서 어떤 카피를 사용하느냐도 중요한 전략 중 하나인데요. 단순히 카피를 도출하는 것뿐만 아니라 활용법까지 함께 고려할 수 있어서 더욱 효과적으로 이용할 수 있습니다.

제품의 홍보를 위해서 SNS를 활용하는 것은 이제 너무 당연한 마케팅 방식이 되었습니다. 각각의 SNS는 이용자의 계층이나 인기가 있는 콘텐츠의 내용과 형식 등이 모두 다르기 때문에 그 특징을 이해하고 거기에 맞는 콘텐츠를 작성하는 것이 중요하죠. AI는 각각의 플랫폼의 특징에 맞추어서 콘텐츠의 종류와 구체적인 내용을 작성하는 데 도움이 됩니다.

입력 프롬프트

제품 홍보를 위해 SNS 채널을 활용하려고 해. 우리 제품의 특성과 타깃 고객의 관심사를 고려해서 페이스북, 인스타그램, 블로그, X(구 트위터) 등 각 SNS 채널별로 어울리는 콘텐츠 유형과 톤앤매너를 고려해서 홍보 문구를 작성해줘. 자연스럽고 흥미로운 문구로 작성해줘. 해시태그나 이모티콘 활용 같은 SNS 트렌드도 반영해줘. 채널별로 5개 이상씩, 총 20개 이상의 홍보 문구를 만들어줄래? 전체 내용은 표 형태로 정리해줘.

출력 내용

종합 정리SNS 채널별 홍보 문구 및 콘텐츠 유형

페이스북			
콘텐츠 유형	톤앤매너	홍보 문구	해시태그 및 이모티콘
제품 소개 영상	정보 제공, 신뢰감	스팀클린 로봇 청소기, 새로운 청소 혁명을 경험하세요! 스팀의 강력함으로 바닥을 더 깨끗하게!	#청소혁명 #스팀클린 💧✨
사용자 리뷰	친근함, 신뢰감	사용자들이 극찬하는 스팀클린! 매일 깨끗한 바닥을 경험해보세요. #사용자리뷰 #깨끗한바닥	#리뷰 #고객만족 😊👍
제품 기능 설명	교육적, 상세 설명	스팀클린의 강력한 스팀 기능으로 바닥의 세균을 완벽하게 제거하세요! 안전하고 깨끗한 환경을 만들어드립니다.	#스팀청소 #위생관리 🧽✨
프로모션 안내	유도적, 직접적	출시 기념 특별 할인! 지금 구매하고 스팀클린의 놀라운 효과를 체험하세요. #출시기념 #특별할인	#할인 #스페셜오퍼 🎉🏷️
라이프스타일 게시물	감성적, 일상적	아이와 반려동물 모두가 안전한 집, 스팀클린이 만들어드립니다. #가족 #반려동물	#안전한집 #가족사랑 👶🐶

인스타그램			
콘텐츠 유형	톤앤매너	홍보 문구	해시태그 및 이모티콘
제품 사진	감성적, 비주얼 중심	이제 청소는 스팀으로! 스팀클린 로봇 청소기로 더 깨끗한 바닥을 만나보세요. #스팀클린 #청소혁명	#홈케어 #일상청소 🧹🏠
사용자 후기	친근함, 진솔함	스팀클린 덕분에 집안이 더 깨끗해졌어요! 여러분도 경험해보세요. #사용후기 #깨끗한집	#청소 #추천제품 👍🏠
제품 기능 동영상	정보 제공, 시각적 설명	스팀클린의 놀라운 스팀 기능을 확인해보세요! 바닥의 모든 먼지와 세균을 말끔하게 제거합니다.	#스팀청소 #깨끗한바닥 💧☀️
프로모션 게시물	유도적, 흥미 유발	스팀클린 출시 기념 이벤트! 지금 바로 특별 할인 혜택을 누려보세요. #출시이벤트 #할인	#특별할인 #쇼핑 🎉🛒
일상 활용 사진	일상적, 친근함	스팀클린과 함께하는 일상, 더 깨끗한 집에서 가족과 행복한 시간을 보내세요. #가족 #일상청소	#홈케어 #행복한집 🏠💙

블로그			
콘텐츠 유형	톤앤매너	홍보 문구	해시태그 및 이모티콘
심층 리뷰 포스팅	상세, 정보 제공	스팀클린 로봇 청소기의 모든 것! 기능부터 사용 후기까지 자세히 알아보세요. #스팀클린 #로봇청소기	#제품리뷰 #사용후기 💚💚
사용법 안내	교육적, 실용적	스팀클린 로봇 청소기 사용법 가이드: 효율적인 청소 방법과 팁을 확인해보세요. #사용법 #청소팁	#청소방법 #생활정보 👍💡
프로모션 포스팅	유도적, 직접적	스팀클린 출시 기념 할인 이벤트! 지금 바로 구매하고 깨끗한 집을 만들어보세요. #출시기념 #특별할인	#이벤트 #쇼핑 🎉🛒
제품 비교 리뷰	비교, 정보 제공	스팀클린 vs 타 브랜드 로봇 청소기, 무엇이 다를까? #로봇청소기비교 #스팀클린	#제품비교 #청소기추천 🤔📊
사용자 후기	친근함, 신뢰감	스팀클린으로 집안이 이렇게 깨끗해질 줄이야! 사용자들이 전하는 진솔한 후기 #사용자후기 #깨끗한집	#청소 #후기 😊🏠

X (구 트위터)			
콘텐츠 유형	톤앤매너	홍보 문구	해시태그 및 이모티콘
제품 소개 트윗	간결, 흥미 유발	새로운 청소 혁명! 스팀클린 로봇 청소기로 바닥을 깨끗하게! #스팀클린 #청소혁명	#로봇청소기 #스팀청소 💧✨
사용자 후기 리트윗	친근함, 진솔함	스팀클린 덕분에 청소가 쉬워졌어요! 여러분도 경험해보세요. #사용자후기 #깨끗한집	#청소 #추천 😊🏠
프로모션 트윗	유도적, 직접적	출시 기념 할인 이벤트! 스팀클린 로봇 청소기를 특별한 가격에 만나보세요. #출시기념 #특별할인	#이벤트 #쇼핑 🎉🛒
기능 설명 트윗	정보 제공, 간결한 설명	스팀클린의 강력한 스팀 기능으로 바닥을 깨끗하게! #스팀청소 #위생관리	#청소 #위생 💧🦠
일상 활용 트윗	일상적, 친근함	아이와 반려동물 모두가 안전한 집, 스팀클린이 만들어드립니다. #가족 #반려동물	#안전한집 #가족사랑 🐶🐱

각각의 SNS 플랫폼별로 다양한 콘텐츠 유형과 톤 앤드 매너, 홍보 문구와 해시태그, 이모티콘까지 정리되었습니다. 채널별로 타깃 고객의 관심사와 특성에 맞춘 홍보 문구를 활용할 수 있도록 표 형태로 정리하면 보기가 편합니다. 이 내용을 기반으로 더 구체적인 홍보 문구를 작성하거나 발전시켜나갈 수 있겠습니다.

언론 대응도 문제없지,
미디어 대응 전략 수립

일반 대중을 위한 SNS 홍보도 물론 중요하지만, 언론과 미디어와의 관계를 잘 만들어나가는 것도 홍보 담당자의 중요한 업무입니다. 특히 제품의 특성과 타깃층에 대한 이해를 바탕으로 차별화된 메시지를 만들어내는 동시에, 예상 가능한 리스크에도 대비해야 합니다. 이런 전략적인 관점에서 예상 가능한 시나리오를 도출하고 적절한 방식으로 소통하는 것이 홍보 담당자의 핵심 역량이라고 할 수 있습니다. 굉장히 섬세함과 복잡성이 요구되는 업무죠.

이런 상황에서 AI를 활용한다면 보도자료의 작성부터 콜드 메일 작성, 인터뷰 준비 등 여러 단계별로 고려해야 하는 사항을 쉽게 작성하고 다양한 상황에 대응할 수 있습니다.

관련 업무를 크게 네 가지로 구분하고 업무의 단계별로 프롬프트를 구성해봅시다.

보도자료 작성 → 콜드 메일 작성 →

언론 인터뷰 시나리오 → 위기 상황 대응 매뉴얼 작성

💡 보도자료 작성

언론에 배포하는 보도자료는 일정한 형식이 있습니다. 대부분의 AI는 보도자료의 형식을 잘 이해하고 있기 때문에, 기본적인 정보를 주고 보도자료를 작성하라는 프롬프트를 주면 수월하게 초안을 작성할 수 있습니다.

입력 프롬프트
우리 회사의 스팀 기능 로봇 청소기 신제품 출시를 홍보하기 위해 보도자료를 작성하려고 해. 신제품의 핵심 기능과 특장점, 혁신성, 타깃 고객층, 시장의 반응, 출시일, 가격 정보 등을 포함해서 기자들의 관심을 끌 만한 뉴스 포인트를 담아줘. 전체 구성은 헤드라인, 리드문, 본문, 회사 소개, 담당자 연락처순으로 하고, 분량은 A4 1~2장 내외로 해줘.

출력 내용
헤드라인
스팀 기능으로 청소의 새로운 기준을 제사하다 – 스팀클린 로봇 청소기 신제품 출시
리드문
최첨단 스팀 기술을 통해 청소의 혁신을 가져올 스팀클린 로봇 청소기가 드디어 출시되었습니

다. 이번 신제품은 맞벌이 부부, 반려동물 가구 등 바쁜 현대인의 생활에 최적화된 청소 솔루션을 제공합니다.

본문

최신 기술과 혁신적인 디자인으로 주목받고 있는 우리 회사가 스팀 기능을 탑재한 로봇 청소기 '스팀클린'을 출시했습니다. 스팀클린 로봇 청소기는 기존 로봇 청소기의 한계를 뛰어넘어 청소와 동시에 살균까지 가능한 최첨단 가전제품입니다.

스팀클린 로봇 청소기는 다음과 같은 핵심 기능과 특장점을 자랑합니다.

- 강력한 스팀 기능: 고온의 스팀을 분사하여 바닥의 먼지와 세균을 동시에 제거, 집안의 위생 상태를 최적화합니다.
- 스마트 내비게이션: 최신 스마트 내비게이션 기술을 탑재하여 효율적이고 정밀한 청소 경로를 설정합니다.
- 자동 충전 및 재개: 청소 도중 배터리가 부족할 경우 자동으로 충전 후 이전 위치에서 청소를 재개하는 기능을 갖추고 있습니다.
- 스마트폰 연동: 모바일 앱을 통해 언제 어디서나 청소 상태를 확인하고 제어할 수 있습니다.
- 저소음 설계: 저소음 모터를 사용하여 청소 중에도 가정 내 생활 소음이 적어 편리합니다.

스팀클린 로봇 청소기는 맞벌이 부부와 반려동물 가구를 주요 타깃으로 하여 개발되었습니다. 맞벌이 부부는 청소 시간을 절약하고 가족과의 시간을 더 많이 가질 수 있으며, 반려동물 가구는 반려동물의 털과 오염 문제를 효과적으로 해결할 수 있습니다.

스팀클린의 혁신적인 기술과 뛰어난 성능은 이미 시장에서 긍정적인 반응을 얻고 있습니다. 출시 전 진행된 체험단 모집과 리뷰 이벤트를 통해 많은 소비자들이 스팀클린의 성능을 경험했고, "청소의 새로운 패러다임"이라는 평가를 받았습니다. 한 사용자는 "스팀 기능 덕분에 집안이 더욱 깨끗해졌고, 아이들과 반려동물이 안전하게 생활할 수 있는 환경이 만들어졌다"고 말했습니다.

스팀클린 로봇 청소기는 2024년 6월 20일부터 주요 온라인 및 오프라인 매장에서 구매할 수 있습니다. 가격은 기본형 50만 원, 고급형 70만 원으로 책정되었습니다. 출시를 기념하여 한정된 기간 동안 10% 할인된 가격으로 제공될 예정입니다.

이번 신제품 출시는 가정 내 위생 관리의 새로운 기준을 제시하는 동시에, 바쁜 현대인들에게 더 나은 삶의 질을 제공할 것으로 기대됩니다. 스팀클린 로봇 청소기는 최신 기술과 혁신적인 기능을 통해 청소의 효율성과 편리함을 극대화하며, 소비자들에게 최상의 만족을 선사할 것입니다.

회사 소개

우리 회사는 첨단 가전제품을 개발하여 소비자들에게는 혁신적인 솔루션을 제공하는 데 주력하고 있습니다. 최고 품질의 제품과 탁월한 고객 서비스를 통해 가정 내 생활의 질을 향상시키고자 합니다. 스팀클린 로봇 청소기는 이러한 회사의 철학을 반영한 최신 제품으로, 청소의 새로운 기준을 제시합니다.

담당자 연락처

홍보팀 김미영

전화 02-1234-5678

이메일: pr@company.com

헤드라인과 리드문, 본문, 회사 소개와 담당자 연락처까지 보도자료의 기본적인 틀을 갖춘 초안이 작성되었습니다. 이 내용을 기반으로 우리 제품의 구체적인 정보를 가미하고 회사 정보와 담당자 등을 수정하면 빠르게 보도자료를 작성할 수 있습니다.

🔅 콜드 메일 작성

보도자료를 작성했다면 이제 기자들을 대상으로 배포해야 합니다. 기자들은 하루에도 수많은 보도자료를 받습니다. 그렇기 때문에 메일의 제목이나 본문에서 충분히 관심사를 자극할 수 있도록 작성하는 것도 중요하겠죠. 일괄적으로 작성하기보다는 기자의 담당 분야를 고려해서 흥미를 끌 수 있는 방식으로 작성하면 더욱 좋습니다. 아래와 같은 프롬프트를 참고해서 분야별로 차별성이 있는 콜드 메일 초안을 작성해봅니다.

이렇게 입력하면 각 분야에 맞게 메일 제목과 본문이 작성되어 나옵니다. 이런 방식으로 분야별로 기자들의 관심을 얻을 수 있는 콜드 메일 작성을 쉽게 할 수 있습니다.

🔆 언론 인터뷰 시나리오

신제품과 관련해 언론 인터뷰가 잡혔다면, AI와 함께 인터뷰를 준비할 수 있습니다. 전달하고자 하는 핵심적인 메시지를 정확하게 질문하고, 무엇보다 현장에서 나오는 질문들에 잘 대처하기 위해서는 인터뷰 시나리오를 미리 작성하면 좋습니다. 아래의 프롬프트를 입력해서 언론 인터뷰 시나리오를 작성해보겠습니다.

감한 질문에 대해서는 솔직하면서도 논란의 여지가 없는 답변을 준비해줘. 인터뷰이 방향은 긍정적이고 우호적인 분위기로 유도하는 것이 목표야. 시나리오에 따라 각각의 질문과 답변 전체를 표 형태로 정리해줘.

출력 내용

언론 인터뷰 시나리오

질문	답변
스팀클린 로봇 청소기의 가장 큰 차별점은 무엇인가요	스팀클린 로봇 청소기의 가장 큰 차별점은 고온의 스팀을 통해 바닥의 세균과 먼지를 동시에 제거할 수 있다는 점입니다. 이는 기존 로봇 청소기와는 달리 위생적인 청소가 가능하도록 도와줍니다.
스팀 기능이 정말로 효과적인가요	네, 스팀 기능은 고온의 스팀을 사용하여 바닥의 세균과 먼지를 효과적으로 제거합니다. 다양한 테스트 결과, 스팀클린은 일반 로봇 청소기보다 99.9% 더 깨끗한 청소를 제공합니다.
가격이 어떻게 되나요	스팀클린 로봇 청소기의 기본형은 50만 원, 고급형은 70만 원입니다. 출시 기념으로 한정된 기간 동안 10% 할인된 가격으로 제공됩니다. 고급 기능을 고려하면 매우 경쟁력 있는 가격이라고 생각합니다.
가격이 비싼 편인데, 이에 대해 어떻게 생각하시나요	스팀클린 로봇 청소기는 스팀 기능과 최신 스마트 내비게이션 기술을 포함한 혁신적인 제품입니다. 이 기능들을 통해 고객에게 더 큰 가치를 제공할 수 있기 때문에, 가격 대비 성능 면에서 매우 경쟁력 있다고 생각합니다.
타깃 고객층은 누구인가요	스팀클린은 맞벌이 부부와 반려동물 가구를 주요 타깃으로 합니다. 이들은 청소 시간을 절약하고 집안의 위생 상태를 최적화하는 데 큰 관심이 있습니다.
향후 마케팅 계획은 무엇인가요	향후 마케팅 계획으로는 온라인과 오프라인을 아우르는 다채널 마케팅 전략을 구사할 예정입니다. 소셜 미디어 캠페인, 체험단 모집, 인플루언서 마케팅 등을 통해 소비자와의 접점을 확대할 계획입니다.
제품 품질에 대해 보장할 수 있나요	네, 스팀클린은 엄격한 품질 관리와 다수의 테스트를 통해 높은 품질을 보장합니다. 또한, 고객 만족을 위해 1년 무상 A/S를 제공하며, 고객 서비스에도 최선을 다하고 있습니다.
제품 사용이 어려운가요	아닙니다. 스팀클린 로봇 청소기는 사용자 친화적인 인터페이스와 스마트폰 연동 기능을 통해 매우 직관적으로 사용할 수 있습니다. 누구나 쉽게 조작할 수 있도록 설계되었습니다.
스팀 기능으로 인한 안전 문제는 없나요	스팀클린은 안전을 최우선으로 설계되었습니다. 스팀 분사 시 자동으로 위험 지역을 감지하고 회피하며, 사용자 가이드라인을 철저히 제공하여 안전하게 사용할 수 있도록 합니다.
앞으로의 제품 개발 방향은	앞으로도 고객의 니즈를 반영한 혁신적인 제품을 개발할 계획입니다. 스마트 홈 환경에 맞춘 다양한 기능과 기술을 접목하여, 더욱 편리하고 효율적인 가전제품을 선보일 것입니다.

각각의 질문에 대한 답변을 표 형태로 정리했습니다. 열 개의 질문이 만들어졌는데, 제품 품질이나 스팀 기능으로 인한 안전 문제, 비싼 가격에 대한 질문 등 현장에서 받으면 곤란할 만한 질문들도 포함되어 있습니다. 이렇게 다양한 시나리오를 도출함으로써 인터뷰 현장에서 순발력 있는 대응을 준비할 수 있겠습니다.

🔅 위기 상황 대응 매뉴얼 작성

제품을 출시하고 별 탈이 없으면 좋겠지만, 때로는 예상치 못한 일들이 발생하기도 합니다. 제품과 서비스와 관련해서 발생할 수 있는 위기 상황을 가정해보고, 각각의 상황에 맞는 대응 매뉴얼을 만들어둔다면 좋겠죠. 아래의 프롬프트를 활용해서 위기 상황 대응 매뉴얼을 작성해볼 수 있습니다.

입력 프롬프트

제품 출시 후 발생할 수 있는 다양한 위기 상황을 가정해서 제품 결함, 사용자 부상, 경쟁사 비방 등 위기 상황별 시나리오를 3가지 정도 만들어주고, 각 시나리오별로 표 형태로 미디어 대응 매뉴얼을 작성해줘. 위기 상황 인지 후 즉각 대응하기 위한 내부 프로세스부터 대외 메시지까지 단계별 액션 플랜을 차트로 정리하고, 각각의 위기 상황별 Q&A와 보도자료 템플릿도 준비해줘. 위기 대응의 기본 원칙은 진실되고 신속하게 소통하는 것임을 명심하고, 브랜드 이미지 훼손을 최소화하는 관점에서 접근해줘.

출력 내용
위기 상황 시나리오 및 대응 매뉴얼

시나리오 1 제품 결함

일부 제품에서 스팀 기능이 작동하지 않는 문제가 발생

미디어 대응 매뉴얼	
단계	**액션 플랜**
위기 인지	고객 센터에서 문제 보고 접수, 제품 결함 확인 및 원인 분석, 위기 대응팀 구성 및 상황 파악
내부 커뮤니케이션	전 직원에게 상황 공유, 관련 부서와 긴급 회의, 대응 방안 및 타임라인 설정
외부 커뮤니케이션	초기 입장 발표: 결함 인지 및 조사 시작, 소셜 미디어, 웹사이트에 공지, 고객에게 사과 메시지 전달
조사 및 해결	결함 원인 파악 및 수정, 결함 제품 리콜 및 교환 프로그램 운영, 고객 불편 최소화 방안 마련
후속 조치	문제 해결 후 재발 방지 대책 마련, 내부 프로세스 개선 및 직원 교육, 고객 만족도 조사 및 피드백 수집

Q&A	
질문	**답변**
제품 결함이 발견되었나요	일부 제품에서 스팀 기능이 정상적으로 작동하지 않는 문제가 발견되었습니다. 현재 원인을 조사 중에 있습니다.
어떻게 대응하고 있나요	저희는 즉시 문제를 인지하고 고객 불편을 최소화하기 위해 결함 제품의 리콜 및 교환 프로그램을 운영하고 있습니다.
추가적인 문제가 발생할 가능성이 있나요	현재로서는 해당 결함이 일부 제품에 한정된 것으로 보이며, 추가적인 문제를 방지하기 위해 철저한 조사를 진행 중입니다.
고객들이 어떻게 리콜 프로그램을 이용할 수 있나요	고객님께서는 고객 센터에 연락 주시면 리콜 및 교환 절차를 안내받으실 수 있습니다. 불편을 끼쳐드려 죄송합니다.

보도자료 템플릿

제목: 스팀클린 로봇 청소기 일부 제품 결함 관련 공지

스팀클린 로봇 청소기의 일부 제품에서 스팀 기능이 정상적으로 작동하지 않는 문제가 발생하였습니다. 현재 저희는 문제의 원인을 파악하고 있으며, 해당 제품의 리콜 및 교환 프로그램을 운영하고 있습니다. 저희는 고객의 불편을 최소화하기 위해 최선을 다하고 있으며, 향후 이러한 문제가 재발하지 않도록 철저히 조치할 것입니다. 감사합니다.

문의: 홍보팀 김미영 (전화 02-1234-5678, 이메일 pr@company.com)

시나리오 2 사용자 부상

스팀 분사 중 사용자가 화상을 입는 사고 발생

미디어 대응 매뉴얼	
단계	**액션 플랜**
위기 인지	사고 보고 접수, 사용자 상태 확인 및 긴급 조치, 위기 대응팀 구성 및 상황 파악
내부 커뮤니케이션	전 직원에게 상황 공유, 관련 부서와 긴급 회의, 대응 방안 및 타임라인 설정
외부 커뮤니케이션	초기 입장 발표: 사고 인지 및 사과, 소셜 미디어, 웹사이트에 공지, 고객 안전 조치 안내
조사 및 해결	사고 원인 파악 및 수정, 사용자 의료비 지원 및 상 방안 마련, 제품 안전성 강화 방안 마련
후속 조치	문제 해결 후 재발 방지 대책 마련, 내부 프로세스 개선 및 직원 교육, 고객 만족도 조사 및 피드백 수집

Q&A	
질문	**답변**
사용자 부상이 발생했나요	일부 사용자가 스팀 분사 중 화상을 입는 사고가 발생했습니다. 현재 사용자 상태를 확인 중에 있습니다.
어떻게 대응하고 있나요	저희는 즉시 사용자 안전을 최우선으로 고려하여 의료비 지원 및 보상 방안을 마련하고 있습니다. 또한 사고 원인을 철저히 조사 중입니다.
제품 사용이 안전한가요	해당 사고는 매우 드문 사례로, 저희는 제품의 안전성을 강화하기 위한 추가적인 조치를 취하고 있습니다. 모든 사용자분들의 안전을 위해 최선을 다하겠습니다.
추가적인 안전 조치가 있나요	네, 저희는 안전 가이드라인을 강화하고 사용자 교육을 통해 안전한 사용을 돕고 있습니다.

보도자료 템플릿

제목: 스팀클린 로봇 청소기 사용자 부상 사고 관련 공지

스팀클린 로봇 청소기의 사용 중 일부 사용자가 스팀 분사로 인해 화상을 입는 사고가 발생하였습니다. 저희는 현재 사고 원인을 철저히 조사 중이며, 제품의 안전성을 강화하기 위한 추가적이니 조치를 취하고 있습니다.

문의: 홍보팀 김미영 (전화 02-1234-5678, 이메일 pr@company.com)

시나리오 3 경쟁사 비방

경쟁사가 스팀클린 로봇 청소기의 품질과 안전성에 대한 부정적인 정보를 유포

미디어 대응 매뉴얼	
단계	**액션 플랜**
위기 인지	경쟁사 비방 정보 확인, 관련 부서와 긴급 회의, 위기 대응팀 구성 및 상황 파악
내부 커뮤니케이션	전 직원에게 상황 공유, 대응 방안 및 타임라인 설정, 법무팀과 협력하여 대응 방안
외부 커뮤니케이션	초기 입장 발표: 사실 확인 및 대응 계획, 소셜 미디어, 웹사이트에 공지, 언론사 및 주요 고객 대상 설명회 개최
조사 및 해결	사실 관계 확인 및 법적 조치, 부정 정보 차단 및 정정 요청, 제품 품질과 안전성에 대한 추가 검증 및 홍보
후속 조치	문제 해결 후 재발 방지 대책 마련, 내부 프로세스 개선 및 직원 교육, 고객 신뢰 회복을 위한 지속적인 커뮤니케이션

Q&A	
질문	**답변**
경쟁사가 스팀클린 제품에 대해 부정적인 정보를 유포했나요	네, 경쟁사가 스팀클린 로봇 청소기의 품질과 안전성에 대해 부정적인 정보를 유포한 것으로 확인되었습니다. 현재 사실 관계를 확인 중에 있습니다.
어떻게 대응하고 있나요	저희는 즉시 법적 조치를 검토하고 있으며, 부정적인 정보를 차단하기 위해 적극적으로 대응하고 있습니다. 또한 제품의 품질과 안전성을 다시 한번 검증하고 있습니다.
제품 품질과 안전성은 보장되나요	네 스팀클린 로봇 청소기는 엄격한 품질 관리와 테스트를 통해 높은 품질과 안전성을 보장합니다. 고객 여러분께서 안심하고 사용하실 수 있도록 최선을 다하겠습니다.
추가적인 조치가 있나요	저희는 고객 신뢰 회복을 위해 제품의 품질과 안전성에 대한 추가 검증을 진행하고 있으며, 관련 정보를 투명하게 공개할 예정입니다.

이렇게 세 가지 위기 상황에 대한 기본적인 대응 매뉴얼이 작성되었습니다. 미디어 대응 매뉴얼과 Q&A, 보도자료 초안까지 모두 준비가 되었습니다.

답변이 출력되던 중, 보도자료 내용 중간에서 작성이 멈췄습니다. 생성형 AI는 한 번에 출력할 수 있는 내용의 길이가 제한되어 있기 때문에 이런 상황이 종종 발생합니다. 혹은 다른 이유에 의해서도 중간에 답변이 멈추는 경우가 간혹 발생합니다. 이 경우, "계속 작성해줘"라고 입력하면 앞의 내용에 이어서 답변이 계속 생성됩니다. 챗GPT의 경우 "Continue generating" 버튼을 눌러도 됩니다.

이런 방식으로 AI와 함께 언론 대응을 위한 효과적인 전략을 수립할 수 있습니다.

AI비서와 함께
업무 효율 200% 높이기,
경영 지원 직군

채용 계획 수립부터 면접 질문까지, AI로 리크루팅

기업의 인재 채용은 각각의 직무의 특징과 전문성 등을 반영해서 이루어져야 합니다. 그런데 아무리 조직이 작은 경우라도 채용 담당자가 채용을 진행할 모든 직무에 대해 잘 이해하고 있기란 어려운 법이죠. 이런 경우, 관련된 맥락을 제시하고 관련 역량을 수월하게 파악하기 위해 AI의 도움을 받을 수 있습니다. 채용 실무 과정을 일목요연하게 정리하고, 각각의 채용 단계에서 고려해야 하는 사항들을 구체적으로 정리할 수 있죠.

특히 전문직 채용에 있어서는 AI 활용을 통해 해당 직무에 대한 깊이 있는 통찰을 바탕으로 채용의 각 단계별 목표와 산출물을 구체적으로 설정하는 것이 중요합니다. 채용 업무의 단계를 네 가지로 구분하고, 각각의 업무에 맞도록 프롬프트를 구성해봅시다.

채용 계획 수립 → 채용 공고 작성 → 이력서 스크리닝 → 채용 인터뷰 질문

채용 계획 수립

먼저 채용 계획을 수립해봅시다. 이때에는 기본적인 정보를 주는 것이 중요합니다. 어떤 직원을 뽑을지, 근무 장소, 급여 수준, 회사의 복지 정책, 구체적인 업무 등을 입력한다면 더욱 좋은 프롬프트가 될 것입니다.

입력 프롬프트

우리 회사에서 기업 내 회계 업무를 담당할 대리급 직원 1명을 채용하려고 해. 근무지는 서울 여의도이고 급여 수준은 연봉 4천만 원 정도로 책정했어. 경력직 채용을 염두에 두고 있는데, 구체적인 채용 계획을 세우는 게 필요할 것 같아. 채용 일정과 절차, 지원 자격 요건, 평가 기준 등을 포함해서 구체적인 채용 계획안을 작성해줘. 전체 내용은 일목요연하게 정리해서 한 눈에 보기 쉽게 작성해주면 좋겠어.

채용 공고 작성

기본적인 채용 계획을 세웠다면 지원자를 받기 위한 채용 공고를 작성해야 합니다. 이 단계에서는 구체적인 정보를 많이 줄수록 좋습니다. 특히

우리 회사에 대한 정보를 준다면 회사의 소개 등의 내용을 좀 더 개인화해서 받아볼 수 있습니다.

채용 계획에 맞춰 채용 공고 초안을 작성해보자. 지원자의 관심을 끌 만한 매력적인 제목을 제안해주고, 공고 본문에는 회사 소개, 직무 내용, 자격 요건, 우대 사항, 채용 절차, 제출 서류 등을 명확하고 간결하게 작성해줘. 우리 회사는 경영전략 컨설팅 기업이고, 서울 여의도 근무지와 연봉 4천만 원 수준, 주5일 근무와 4대 보험 가입 등의 정규직 채용 조건이야. 지원자가 알아야 할 내용은 빠짐없이 포함하되 너무 길어지지 않도록 해. 우리 회사만의 조직문화나 혜택 등도 눈에 띄게 어필해주면 좋겠어. 기업 회계 담당자에게 필요한 역량이나 자질을 고려해서 자격 요건을 좀 더 구체화해서 작성해줘.

출력 내용

매력적인 채용 공고 제목 제안

"서울 여의도에서 성장할 기회! 경영전략 컨설팅 기업 회계 담당자 채용"

채용 공고 초안

[서울 여의도] 경영전략 컨설팅 기업 회계 담당자 채용 (연봉 4천만 원)

회사 소개

저희 회사는 서울 여의도에 위치한 경영전략 컨설팅 전문 기업으로, 고객의 성공적인 경영 전략 수립과 실행을 지원하는 선도적인 역할을 하고 있습니다. 뛰어난 인재와 함께 더욱 발전하는 회사를 만들어나가고자 회계 업무를 담당할 대리급 직원을 모집합니다

직무 내용

회계 전표 작성 및 관리, 월/분기/연간 결산 업무, 재무제표 작성 및 분석, 세무 신고 및 세무 조정, 비용 관리 및 예산 수립 지원, 내부 회계 관리 및 감사 대응

자격 요건
- 학력: 대졸 이상(회계학, 경영학, 경제학 전공자 우대)

- 경력: 회계 관련 경력 3년 이상
- 자격증: 공인회계사(KICPA), 미국공인회계사(AICPA) 등 관련 자격증 소지자 우대
- 기술 능력: ERP 시스템 활용 능력 필수, MS Office(특히 Excel) 능숙
- 기타: 책임감이 강하고, 커뮤니케이션 능력이 뛰어난 자

우대 사항

경영전략 컨설팅 기업 근무 경험자, 영어 능통자, 복잡한 문제 해결 능력 보유자, 조직 내 협업 경험 풍부한 자

채용 절차

서류 전형, 1차 실무 면접, 2차 임원 면접, 최종 합격자 발표

제출 서류

이력서, 자기소개서, 경력 증명서, 자격증 사본

근무 조건
- 근무지: 서울 여의도
- 연봉: 4천만 원
- 근무 시간: 주 5일 근무
- 복리후생: 4대 보험 가입, 연차 휴가, 경조사비 지원, 교육 및 자기 개발 지원

회사 문화 및 혜택

저희 회사는 혁신과 협업을 중시하는 조직 문화를 갖추고 있으며, 직원들의 성장을 위한 다양한 교육 프로그램과 자기 개발 기회를 제공합니다. 또한 자유롭고 수평적인 소통을 위해 모든 직원이 자신의 의견을 개진할 수 있는 환경을 조성하고 있습니다

지원 방법
- 접수 방법: 이메일 접수 hr@company.com
- 접수 기간: 2024년 6월 15일~2024년 6월 30일

문의처
- 담당자: 인사팀 홍길동

- 연락처: 02-12344-5678
- 이메일: hr@company.com

많은 관심과 지원 부탁드립니다. 우리와 함께 더 나은 미래를 만들어나갈 인재를 기다립니다

최초에 작성한 채용 계획의 내용을 참고해서 공고 초안이 작성되었습니다. 채용 공고는 공개적으로 게시되는 것인 만큼, AI가 작성한 초안에서 직무 내용과 자격 요건 등을 꼼꼼하게 확인해보고, 틀린 점이 없는지 확인하는 작업이 특히 중요합니다.

💡 이력서 스크리닝

채용 단계에서는 서류를 평가하는 것도 꽤 시간이 걸리는 작업입니다. 지원자들의 이력과 경력, 자기소개서 등을 바탕으로 우리 회사에 적합한 인재인지 판단하고 면접 여부를 결정해야 하는데, 때로는 각각의 양식이 모두 달라서 검토하는 데 더욱 어려움을 겪기도 합니다.

AI의 장점은 빠른 시간 내에 문서를 훑어보고 요약해줄 수 있다는 것입니다. 무료 버전 기준으로 보면, 앤스로픽의 클로드 오푸스, MS 코파일럿, 오픈AI의 챗GPT는 프롬프트 입력창에 파일을 마우스로 끌어다 놓으면 PDF 파일 업로드가 가능합니다. 구글 제미나이는 구글 드라이브에 있는 PDF 파일을 업로드하거나 드라이브에서 문서 링크를 제공하는 방식으로 텍스트를 추출해서 읽게 할 수 있습니다.

입력 프롬프트

📄 **박소진_이력서.pdf**
PDF

📄 **이민지_이력서.pdf**
PDF

📄 **최현우_이력서.pdf**
PDF

📄 **김지훈_이력서.pdf**
PDF

대리급 회계팀 직원을 채용하기 위해 지원자들의 이력서를 1차로 스크리닝 해야 하는데, 어떤 기준으로 평가하면 좋을지 의견을 들려줘. 회계 업무 경력, 관련 자격증, 학력, 전공, 경력의 질적 수준, 직무 역량, 성장 가능성 등 다양한 평가 요소를 고려해서 정량적/정성적 스크리닝 기준을 마련하고, 이를 토대로 지원자별 장단점을 정리하는 이력서 스크리닝 템플릿을 간단히 만들어줘. 첨부의 이력서를 하나씩 잘 검토하고, 기준에 따라 모든 지원자의 평가 내용을 표 형태로 요약해줘.

이렇게 하면 다양한 평가 기준을 도출하고, 각각의 평가 기준에 따라 지원자별로 점수를 매겨줍니다. 마지막에는 평가를 요약해서 한 줄로 지원자들의 특징을 한 눈에 볼 수 있도록 정리해달라고 요청했습니다. 이 프롬프트를 기반으로 서류 검토 과정을 자동화하고 검토에 소요되는 시간을 크게 절약할 수 있습니다.

💡 채용 인터뷰 질문

서류 전형이 끝났다면 면접을 위한 준비를 해야 합니다. 인터뷰에서 각 심사관들에게 기본적인 면접 질문을 제공한다면 훨씬 수월한 평가가 될 수 있을 것입니다. 아래 프롬프트를 활용해서 채용에 활용할 수 있는 질문을 도출해봅시다.

이런 방식으로 기본적인 질문과 직무 특징에 따른 심화 면접 질문을 생성할 수 있습니다. 질문은 면접관의 재량에 따라 다를 수도 있겠지만, 지원자별로 동일한 기준으로 평가하기 위해서는 어느 정도 정해진 질문지가 있는 것이 좋습니다.

사규 및 매뉴얼 작성,
단계별로 접근하는 AI 컴플라이언스

이미 기업 관리를 위한 다양한 규정과 매뉴얼이 완비되어 있는 경우라면 괜찮지만, 그렇지 않다면 기업의 상황이나 규모의 확장에 따라 체계적인 관리 규정이 필요해질 것입니다. 이 경우에도 생성형 AI를 유용하게 사용할 수 있습니다.

때로는 매뉴얼의 정확한 주제와 목표를 설정하는 단계부터 활용할 수 있고, 다양한 프로세스에 대한 사전 학습 지식을 바탕으로 업무 프로세스를 꼼꼼하게 정의하고 각 단계별 매뉴얼을 생성할 수 있습니다.

매뉴얼의 종류는 아주 다양할 것이므로, 프롬프트를 일반화해서 제시하기는 쉽지 않습니다. 하지만 기본적인 뼈대는 제안할 수 있겠죠.

단계	업무 내용	프롬프트 예시
1	매뉴얼의 목적과 범위 설정	우리 회사는 소규모 스타트업인데 본사 사무실의 시설 관리를 위한 매뉴얼을 만들려고 해. 매뉴얼의 목적을 사무실 시설의 효과적인 운영과 관리, 임직원의 안전하고 쾌적한 근무 환경 조성에 두고, 주요 적용 범위는 사무실 일반 관리, 회의실 운영, 공용 공간 관리, 비품 및 소모품 관리, 안전 및 보안 관리 정도로 설정하면 좋을 것 같은데 어떻게 생각해? 그리고 매뉴얼 작성 시 유의할 점과 꼭 포함되어야 할 내용에 대해서도 조언해줄래?
2	매뉴얼의 구성과 체계 기획	매뉴얼의 전체적인 구성과 체계를 좀 더 구체적으로 잡아보려고 해. 목적, 개요, 주요 내용, 시설 관리 책임, 일일 점검 사항, 정기 점검 및 유지 보수 절차, 비상 상황 대응 절차 등이 필요할 것 같아. 이런 기본 구조를 토대로 실제 목차를 구성해보면서 디테일을 잡아보자. 목차가 완성되면 각 항목별로 작성해야 할 내용과 분량도 간단히 정리해줘.
3	관련 업무 프로세스 정의	이제 본격적으로 매뉴얼 내용을 채워 넣어보자. 먼저 사무실 시설 관리의 주요 업무 프로세스부터 정리가 필요할 것 같아. 각 시설/장비/공간별 점검 및 관리 프로세스, 청소 및 정리 정돈 프로세스, 비품 및 소모품 구매/지급/관리 프로세스, 안전 점검 및 예방 프로세스 등을 단계별로 구체적으로 명시해주면 좋겠어.
4	규정 및 지침 작성	이제 시설 관리와 관련된 각종 규정과 지침을 문서화해보자. 회의실 예약 및 사용 규칙, 공용 공간 사용 수칙, 시설/장비 사용 시 유의 사항, 분실물 관리 규정, 방문객 응대 및 보안 규정 등 구성원들이 알아야 할 규정 사항을 빠짐없이 정리해볼까? 각 규정은 해당 업무 맥락을 잘 이해할 수 있도록 배경 설명을 덧붙이고, 규정의 실효성을 높일 수 있는 구체적인 행동 지침을 제시해주면 좋겠어. 또 위반 시 제재 사항도 명확히 적시해줘.

매뉴얼의 목적, 구성, 업무 프로세스, 규정이라는 네 가지 업무 단계를 고려해서 기본적인 프롬프트를 제안합니다. 여기에서는 소규모 스타트업의 시설 관리 매뉴얼을 작성한다고 가정해보았습니다. 이 내용을 기반으로 각 기업과 개인의 상황에 맞게 변주해서 사용하시면 좋을 것 같습니다.

행사 및 이벤트 기획,
효율적으로 분업하기

사내의 다양한 행사와 이벤트를 기획하고 관리하는 것도 경영 지원팀의 업무입니다. 때로는 외부의 고객보다 사내 구성원들이 더 까다로운 '고객'이 되기도 하죠. 상황에 따라서는 사내 구성원 역시 경영 지원팀의 고객이 되는 상황이 있는데, 대표적으로 워크숍과 같은 사내 행사가 그렇습니다. 일반적인 사내 행사의 경우, 아래와 같은 과정을 거쳐 실행됩니다.

행사 기획 → 참가자 관리 → 프로그램 기획 → 세부 준비 사항 →

행사 진행 → 행사 평가 및 보고

업무의 각 단계를 꼼꼼하게 살펴보고, 이에 맞는 프롬프트를 구성해봅시다. 행사 진행 단계까지의 워크플로를 생각하며 실습해보죠.

💡 **행사 기획**

행사를 기획하기 위해 기본적인 정보를 주고 행사 기획안을 작성해달라고 해봅시다.

입력 프롬프트

우리 회사의 워크숍 행사를 기획하려고 해. 이번 워크숍은 각 팀의 과장급 이하 인원 총 40명이 참석하고, 참여 부서는 전략기획, 마케팅, 영업, 홍보, 개발직군 등이야.

아래 내용을 고려해서 워크숍 행사 기획안을 작성해줘.

– 주요 목표 설정: 예를 들어, 팀 빌딩 강화, 부서 간 소통 촉진, 신제품 아이디어 브레인스토밍 등

– 행사 예산 계획: 장소 대여비, 식사비, 활동 비용, 교통비 등 항목별로 예산을 구분해서 작성

– 장소 탐색: 워크숍 장소로는 서울 근교에 있는 장소로, 숙박 시설과 회의실이 갖춰진 곳으로 제안 필요

– 전체 일정: 2박 3일

구체적인 일정을 포함해서 요청한 항목들을 정리할 수 있습니다. 이 단계에서 '장소 탐색'이 필요하죠. 이 내용은 챗GPT보다는 실제 웹의 내용을 검색할 수 있는 AI가 도움이 됩니다. 한국이라는 상황을 고려한다면 한국 정보에 특화되어 있는 클로바X가 좋은 선택이 될 수 있겠습니다.

기본적인 계획을 세웠다면 참가자들에게 행사의 내용을 공지해야 합니다. 워크숍 참가자들에게 보낼 안내문도 AI를 활용해서 쉽게 작성할 수 있습니다.

입력 프롬프트

워크숍 참가자들에게 보낼 안내문을 작성해줘. 일정, 장소, 준비물, 주요 활동 내용 등을 포함해서 작성해줘.

출력 내용

워크숍 안내문

안녕하세요, [회사명] 팀원 여러분!

다가오는 워크숍에 대해 안내드립니다. 이번 워크숍은 팀 빌딩 강화, 부서 간 소통 촉진, 신제품 아이디어 브레인스토밍을 목적으로 기획되었습니다. 모든 과장급 이하 직원들의 적극적인 참여를 부탁드립니다.

워크숍 일정 및 장소

- 일정: 2024년 7월 10일(수)~7월 12일(금), 2박 3일
- 장소: 휘닉스 평창 리조트(강원도 평창)

준비물

- 개인 세면도구 및 의류(캐주얼 복장 권장)
- 필기도구 및 노트북(필요시)
- 개인 약품(필요한 경우)
- 편안한 운동화(활동 시 착용)

주요 활동 내용

첫째 날

08:00~09:00 출발 및 이동(서울 출발지에서 버스로 이동)

09:00~12:00 도착 및 체크인

12:00~13:00 점심 식사

13:00~15:00 개회식 및 팀 빌딩 활동

15:00~18:00 부서별 미팅 및 브레인스토밍 세션 1

18:00~19:00 저녁 식사

19:00~21:00 레크리에이션 및 자유 시간

21:00 숙소 이동 및 휴식

둘째 날

08:00~09:00 아침 식사

09:00~12:00 팀별 워크숍 및 브레인스토밍 세션 2

12:00~13:00 점심 식사

13:00~15:00 부서 간 협력 게임 및 팀 빌딩 활동

15:00~18:00 자유 활동 및 네트워킹 시간

18:00~19:00 저녁 식사

19:00~21:00 팀별 발표 및 피드백 세션

21:00 숙소 이동 및 휴식

셋째 날

08:00~09:00 아침 식사

09:00~11:00 종합 토론 및 워크숍 마무리

11:00~12:00 체크아웃 및 장소 정리

12:00~13:00 점심 식사

13:00~15:00 귀가(버스로 이동)

기타 안내

- 모든 활동은 편안한 복장으로 진행됩니다.
- 행사 동안 궁금한 사항이나 도움이 필요한 경우, 행사 운영팀에게 문의해주시기 바랍니다.
- 비상시를 대비하여 개인 연락처 및 건강 상태를 미리 알려주시기 바랍니다.

참가하시는 모든 분들이 유익한 시간 보내시기를 바랍니다. 많은 참여와 협조 부탁드립니다. 감사합니다.

[회사명] 워크숍 운영팀 드림

준비물과 복장에 관한 내용도 작성해주었습니다. 초안을 바탕으로 회사의 상황에 맞는 내용들을 포함해서 수정하면 됩니다.

워크숍을 준비하면서 중요한 것 중 하나가 프로그램을 기획하는 것입니다. 워크숍의 목적에 맞게 적당한 활동들을 구상해야 하는데, 워크숍 기획이 처음이라면 어떻게 프로그램을 구성하고 각각의 프로그램에 어떤 콘텐츠가 적절한지 정하는 것이 막막할 수 있습니다. AI와 함께 기획 단계의 고민을 해결해보죠.

> **입력 프롬프트**
>
> 전체 일정을 보고, 워크숍의 주요 프로그램별로 수행할 활동 개요를 표 형태로 정리해줘. 식사나 이동, 자유 시간 등은 제외하고 워크숍의 핵심 활동에 대해서만 정리하면 돼.

이렇게 하면 활동 개요와 함께 세부적인 내용도 출력됩니다. 조금 더 구체적으로 접근하고 싶다면 워크숍에서 하기 좋은 아이스 브레이킹 게임을 제안해달라고 하거나 팀 빌딩 활동으로 적절한 활동들을 제안해달라고 하면 좋겠죠.

대략적인 프로그램 구성까지 진행했다면 그다음으로는 구체적인 내용들을 준비해야 합니다. 전체 일정과 프로그램을 감안해서 필요한 것들의 리스트를 만들고 각각의 담당자를 정하면 좋겠죠. 이 내용을 프롬프트로 표현해보겠습니다.

입력 프롬프트

워크숍에 필요한 준비물 리스트를 작성해줘. 회의 자료, 발표 도구, 팀 빌딩 활동에 필요한 물품, 간식 및 음료 등을 포함해줘. 또 각 준비 사항별 담당자를 배정해줘. 예를 들어, 장소 예약 담당자, 식사 준비 담당자, 활동 진행 담당자 등을 명시해서 전체 내용을 표 형태로 정리해줘.

출력 내용

워크숍 준비물 리스트 및 담당자 배정

준비물/준비 사항	세부 내용	담당자
장소 예약	숙박 및 회의실 예약	김현우 과장
회의 자료	발표 자료, 브레인스토밍 도구(노트북, 필기도구 등)	이지은 대리
발표 도구	프로젝터, 스크린, 마이크, 레이저 포인터, 화이트보드 및 마커	박준영 대리
팀 빌딩 활동 물품	팀 빌딩 게임 도구 (블록, 퍼즐 등), 문제 해결 과제 자료	김민수 대리
간식 및 음료	간식(과자, 과일 등), 음료(물, 주스, 커피 등)	최수진 사원
식사 준비	아침, 점심, 저녁 식사 예약 및 확인	정유진 대리
교통 준비	이동 차량 예약 및 유류비 관리	김영호 대리
응급약품 및 비상물품	상비약(소화제, 진통제 등), 응급 처치 키트	박수정 대리
팀 빌딩 활동 진행	팀 빌딩 활동 진행 및 관리	이승재 대리
워크숍 종합 진행	전체 워크숍 일정 관리 및 조율	강민혁 과장

AI가 가상의 담당자 이름을 넣어서 각각의 준비 사항과 담당자 배정까

지 해주었습니다. 조금 더 우리 회사에 맞는 내용을 받아보고 싶다면 준비하는 팀원들의 이름과 주요 역할을 프롬프트에 포함해주면 됩니다.

준비 내용을 정리했다면 실질적인 행사를 진행하기 위한 매뉴얼과 일정 계획, 체크리스트를 작성해야 합니다. 아무리 계획을 잘 세웠더라도 현장에서 해야 할 일들이 구체적으로 정리되어 있지 않다면 원활한 진행이 어렵겠죠.

이때에는 'WBS'라는 단어를 활용하면 좋습니다. WBS는 Work Breakdown Structure의 약자로, '작업 분할 구조'로 해석할 수 있습니다. 일반적으로 전체 프로젝트의 업무를 세분화해서 각각의 업무와 일정을 관리할 때 쓰는 용어입니다.

입력 프롬프트
행사 운영을 위한 진행 매뉴얼과 WBS, 체크리스트를 작성하자. 진행 매뉴얼에는 각 프로그램의 진행 방법, 시간 관리, 문제 발생 시 대처 방안 등을 구체적으로 포함해줘. WBS는 행사 2주 전부터 당일까지 단계별로 진행해야 할 준비 사항과 체크포인트를 표 형태로 정리해줘. 꼭 확인해야 할 사항들은 체크리스트 형식으로 표를 활용해서 정리해줘.

이렇게 하면 간단한 행사 진행 매뉴얼, WBS, 체크리스트가 작성됩니다. WBS와 체크리스트는 한 눈에 보기 좋도록 표 형태로 출력을 요청했습

154 | 3부 | AI 워커스 트랜스포머, 일잘러로 레벨 업!

니다.

이렇게 워크숍의 원활한 진행을 위해서 기획부터 진행까지 각각의 단계들에 AI를 활용한다면 번거로운 작업들을 크게 줄일 수 있습니다.

4장

개발자의 코딩 내비게이터,
개발/데이터 직군

데이터로 인사이트 찾기!
전처리부터 분석까지

기업에서 빅데이터를 적용하기 시작한 이래로 이제 대부분의 기업들에게 '데이터 기반의 의사결정'은 너무나 당연한 일이 되었습니다. 기업들은 자사의 데이터와 외부에서 조달하는 데이터, 공공에 공개된 데이터 등을 수집해서 쪼개고, 갈고, 닦고, 합치는 과정을 통해 인사이트를 얻습니다.

하지만 분석할 수 있는 데이터가 있다고 해도 어떻게 분석하느냐는 늘 고민되는 부분입니다. 데이터를 이해하고 처리할 수 있는 형태로 만드는 작업부터 다양한 분석 도구와 방법을 활용해서 데이터를 분석하고 인사이트를 도출하는 여러 단계를 거치면서 담당 직원은 다양한 어려움을 마주하게 됩니다. 통계와 프로그래밍 지식이 부족하다면 더더욱 험난한 과정이 되죠. 게다가 데이터 분석이라는 업무는, 같은 데이터라도 바라보는 시각이나 분석하는 사람에 따라 발견하는 패턴이나 인사이트가 다르기 때문에 더욱 어렵게 느껴지기도 합니다.

이런 순간 AI의 도움을 받아서 난관을 헤쳐 나갈 수 있습니다. 챗GPT를 활용하면 어려운 데이터 분석 과정을 조금 더 효과적으로 수행할 수 있습니다. 데이터 분석 업무는 이렇게 요약할 수 있습니다.

데이터 이해 → 데이터 ⌒제 → 가설 설정 →
데이터 분석을 통한 가설 검증 → 보고서 작성

이 업무 워크플로에 챗GPT를 결합하면, 아래와 같은 식으로 적용이 가능합니다.

데이터 인지시키기 → 데이터 전처리 → 데이터 분석 →
데이터 시각화 → 인사이트 도출

이어지는 프롬프트를 통해 AI에게 데이터를 인지시키고 데이터를 분석해 인사이트를 도출하는 단계를 수행해보겠습니다.

먼저, 이 작업을 하기 위해서는 기반이 되는 데이터가 필요하겠죠. SNS 빅데이터 분석에 챗GPT를 활용해보겠습니다. 이 데이터는 한 달 동안 SNS에서 '외국인 노동자'와 관련해 작성된 글에서 연관 키워드 300개의 빈도수와 긍정/부정, 언급량 추이 등을 조사한 엑셀 파일입니다.

데이터 인지

입력 프롬프트

2024 05 Foreign Worker Keywords Sheet1 ∨

	Topics Report	Unnamed: 1	Unnamed: 2	Unnamed: 3
52	federal	Keyword	993	379
53	family	Keyword	985	438
54	remain	Keyword	959	223
55	health	Keyword	957	277
56	national	Keyword	943	244
57	pay	Keyword	925	303

이 파일은 글로벌 SNS에서 '외국인 노동자'라는 표현이 포함된 글의 연관 단어 분석 데이터를 포함하고 있어. 전문 데이터 분석가의 관점에서 파일의 전반적인 내용과 행(row), 열(column)을 잘 살펴보고 어떤 데이터인지 구체적으로 파악해서 설명해줘.

출력 내용

이 파일은 '외국인 노동자'라는 표현이 포함된 글의 연관 단어 분석 데이터를 포함하고 있습니다. 파일의 전반적인 내용을 분석한 결과는 다음과 같습니다.

1. 데이터 구조 및 내용

- 총 308개의 행(row)과 42개의 열(column)로 구성되어 있습니다.
- 첫 번째 행에는 'Topics Report'라는 제목이 있으며, 나머지 열은 'Unnamed'로 되어 있습니다.
- 초기 몇 행은 메타데이터(프로젝트 ID, 쿼리 ID, 시작 날짜 및 종료 날짜)로 구성되어 있습니다.

2. 열(Column) 설명

- 대부분의 열 이름이 'Unnamed'로 되어 있어 명확한 의미를 파악하기 어려운 상입니다. 이 열들은 아마도 연관 단어 또는 그에 대한 통계적 수치를 나타낼 가능성이 있습니다.

- 각 열은 특정 단어 또는 표현을 나타내며, 해당 단어의 빈도나 관련성을 나타내는 데이터가 포함되어 있을 것입니다.

3. 데이터 샘플

- 데이터의 처음 몇 행은 분석을 위한 메타데이터를 포함하고 있으며, 이후 실제 분석 데이터가 시작됩니다.

데이터가 제대로 정리되지 않아 해석에 어려움이 있을 수 있지만, 주어진 데이터를 바탕으로 '외국인 노동자'라는 키워드에 대한 연관 단어 및 표현을 분석한 결과로 보입니다. 추가적인 분석을 통해 각 열의 의미를 명확히 하고, 필요한 경우 데이터를 재구성하여 분석할 수 있습니다. 데이터의 구체적인 행(row) 및 열(column)에 대한 자세한 분석을 원하시면, 추가적으로 요청해주세요.

아뿔싸, 데이터가 제대로 정리되지 않아 파일에서 가장 위의 1행을 '열'로 인식하고 의미를 파악하기 어렵다고 합니다. 데이터를 정확하게 파악할 수 있도록 실제 분석 데이터가 있는 행부터 인식하라고 다시 프롬프트를 입력해줍니다.

이렇게 상황에 따라서는 데이터를 인지시키는 데 몇 단계를 거쳐야 할 수 있습니다. 한 번에 의도하는 대로 나오지 않는 것은 이상하지 않은 일입니다. 당황하지 말고 단계별로, 실제 사람과 이야기하듯이 수정이 필요한 부분들을 하나하나 소통하면서 프롬프트를 입력하면 됩니다.

입력 프롬프트

8행이 각 열의 이름이고, 9행부터 실제 분석 데이터가 포함되어 있어. 1~7행의 메타데이터 내용은 제외하고, 8행부터 데이터를 보고 다시 한 번 데이터에 대해 파악하고 설명해줘.

출력 내용

이제 8행부터 데이터를 다시 파악한 결과를 바탕으로 설명해드리겠습니다

데이터 구조 및 내용

- 총 행(Row) 수: 301개(8행부터 실제 데이터 포함)
- 총 열(Column) 수: 42개

주요 열(Column) 및 내용 설명

- 첫 번째 열(Unnamed 0): 주로 키워드 또는 주제를 나타냅니다
- Unnamed 1~Unnamed 5: 각 키워드에 대한 통계적 수치를 나타내는 열입니다
- Unnamed 6~Unnamed 7: 성별 관련 데이터
- Unnamed 8~Unnamed 41: 날짜별 데이터 및 기타 분석 결과

데이터 샘플

예시 행(Row) workers

Neutral: 3558, Positive: 1115, Negative: 2420, Mixed: 23

Sentiment Score: −30

Female: 242, Male: 388

날짜별 데이터: 2024−05−01 00:00:00부터 2024−05−31 00:00:00까지 다양한 날짜별 수치

Trending: −20.184454

분석 결과 요약

- 키워드 기반 분석: 각 키워드와 관련된 감정 분석, 성별 데이터, 날짜별 트렌드 등이 포함되어 있습니다.
- 날짜별 변화: 날짜별로 키워드의 출현 빈도 및 감정 점수를 추적할 수 있는 구조입니다.
- 트렌드 및 설명: 마지막 두 열에는 Trending 점수와 Description(61개 항목만 채워짐)도 포함되어 있습니다.

이 데이터는 '외국인 노동자'라는 키워드와 관련된 다양한 단어와 그에 대한 감정 분석, 성별 분석, 날짜별 트렌드 등을 포괄적으로 분석한 결과를 담고 있습니다. 이를 통해 특정 키워드가 포함된 글의 감정적 반응과 시간에 따른 변화를 추적할 수 있습니다. 추가적인 데이터 분석이나 특정 부분에 대한 더 상세한 분석이 필요하시면 요청해주세요.

데이터에 대해 나름대로 이해한 내용을 정리해서 알려주었습니다. 아직도 열의 제목을 'Unnamed'로 이해하고 있지만, 각각의 열에 어떤 데이터가 있는지 구분을 잘 했습니다. 데이터 샘플을 뽑아서 특정 행의 데이터에 대해 보여주었는데, 챗GPT는 이렇게 데이터를 인식하면서 자신이 잘 인지하고 있는지 샘플을 확인하는 습관이 있습니다. 그리고 마지막으로는 이 파일에 대한 대략적인 내용들을 요약해서 보여줍니다. 그러면서 '특정 키워드가 포함된 글의 감정적 반응과 시간에 따른 변화를 추적할 수 있다'며 데이터를 어떤 방향으로 분석할 수 있는지 제안도 해주었습니다.

💡 데이터 전처리

상단의 메타데이터 정보는 실제 데이터 분석에서는 사용하지 않을 예정입니다. 또 중간에 있는 몇몇 칼럼의 데이터 역시 분석에서는 제외하고 싶은 내용입니다. 분석을 좀 더 쉽게 하기 위해서, 쓸모없는 데이터는 제거하고 날짜의 형식도 간략하게 바꾸어서 파일을 정리하고 싶은데, 이 내용을 챗GPT에게 요청해보겠습니다.

> **입력 프롬프트**
>
> 이 파일을 이해하기 쉽게 전처리하고 싶어. 메타데이터가 있는 행은 제거하고 실제 데이터만 남겨줘. "Type", "Sentiment", "Female", "Male", "Description" 칼럼은 삭제해줘. 날짜 형식은 현재 '연도-월-일' 형식이지만, '월-일' 형식으로 바꾸어줘. 각각의 키워드별로 날짜별 숫자가 잘 드러나도록 전체 테이블을 정리해줘. 이렇게 수정한 파일을 다운로드받을 수 있도록 다운로드

링크를 제공해줘.

출력 내용

	Topic Name	Mentions	Negative	Neutral
Cleaned Foreign Worker Keywords Data				
1	workers	3558	1115	2420
2	work	2936	1033	1869
3	people	2578	920	1642
4	time	2376	670	1683
5	years	2316	781	1514
6	working	2161	639	1501

데이터를 성공적으로 전처리하여 저장했습니다. 다음 링크를 통해 수정된 파일을 다운로드할 수 있습니다.

도중에 분석 에러가 있어서 'Analysis errored'라는 문구가 나타났지만, 파일을 수정해서 잘 만들어주었습니다. 미리보기를 띄워주어서 살펴봤는데, 의도한 대로 메타데이터 부분은 없애고 남은 데이터 중에서 제거하고 싶은 칼럼을 제거한 데이터만 남았습니다. 아래의 "다운로드 링크"를 눌러서 파일을 다운로드 받을 수도 있습니다.

실제로 다운받은 파일을 열어보니, 깔끔하게 정리된 것을 확인할 수 있습니다. 이렇게 챗GPT에게 자연스럽게 대화하듯이 요청하는 것만으로도 데이터 전처리 작업을 편하게 진행할 수 있습니다.

그럼 이제 이 내용을 기반으로 기본적인 데이터 분석을 수행해보죠. 이때 사용하기 좋은 핵심 단어는 바로 'EDA'입니다. EDA는 Exploratory Data Analysis의 약어로 '탐색적 데이터 분석'이라는 뜻입니다. EDA는 데이터를 다양한 각도에서 관찰하고 이해하면서 의미를 파악하거나 가설을 검정하는 것을 의미합니다. 수치 요약이나 시각화를 사용해서 데이터를 탐색하고 변수들의 관계를 찾아내는 것인데, EDA의 대상과 종류별로 분석을 요청할 수 있습니다.

대상: 일변량(Univariate), 다변량(Multi-variate). EDA의 분석 대상이 되는 데이터로, 한 번에 하나의 변수를 보고 분석하는 것이 '일변량', 한 번에 여러 변수를 동시에 분석하는 것이 '다변량'입니다.

종류: 시각화(Graphic), 비시각화(Non-Graphic). 차트나 그림 등 시각화 기법을 활용해서 데이터의 의미를 발견하는 것이 '시각화'이고 시각적 요소를 사용하지 않고 통계적 요소 중심으로 데이터를 확인하는 것이 '비시각화'입니다.

EDA를 수행할 때에는 대상과 종류를 지정해서 진행할 수 있습니다. '일변량 시각화, 일변량 비시각화, 다변량 시각화, 다변량 비시각화'로 총 네 가지의 방법이 나올 수 있습니다. "일변량 EDA를 해줘"라고 입력하면 챗GPT는 기본적으로 시각화와 비시각화 모두를 사용해서 EDA를 수행합니다.

챗GPT와 탐색적 데이터 분석을 수행할 때에는 먼저 일변량 분석을 수행한 다음 다변량 분석을 수행하는 게 좋습니다. 이런 순서로 진행했을 때 AI가 데이터를 비교적 더 잘 이해하고 분석을 수행하는 경향이 있기 때문입니다.

입력 프롬프트

이 데이터를 기반으로 탐색적 데이터 분석(EDA)을 진행해보자. 먼저 일변량 EDA를 실시해서 데이터에 대해서 충분히 이해해봐.

이 경우 시각화, 비시각화를 모두 진행하고 기술 통계 요약, 히스토그램, 주제별 언급 수, 날짜별 데이터 각각에 대한 요약을 보여줍니다. 데이터의 기본적인 특성과 분포 등을 이해할 수 있죠. 다변량 분석을 수행할 수도 있습니다.

입력 프롬프트

컬럼 중에서 Mentions는 키워드의 전체 언급 수, Negative는 부정적인 언급 수, Neutral은 중립적인 언급 수, Positive는 긍정적인 언급 수를 의미해. Negative, Neutral, Positive의 합은 Mentions와 같아. 각각의 날짜에 해당하는 데이터는 그 날짜에 작성된 숫자를 의미해.
이 정보를 기반으로, 다변량 EDA 분석을 수행해줘.

EDA의 과정에서 데이터가 시각화 자료로 분석되지만, 특정한 데이터를 원하는 방식으로 시각화하는 것도 가능합니다. 분석을 목적으로 하는 시각화가 아니라 데이터를 한 눈에 잘 보이도록 하거나 요약하는 형태로도 시각화가 필요하죠. 일반적인 차트 형태의 시각화뿐만 아니라 워드클라우드(단어맵)를 그릴 수도 있습니다.

입력 프롬프트

언급량이 많은 상위 150개의 단어로 워드클라우드 이미지를 그려줘. 부정적인 언급 비중이 높을수록 빨간색으로, 긍정적인 언급 비중이 높을수록 녹색으로 그려줘.

출력 내용

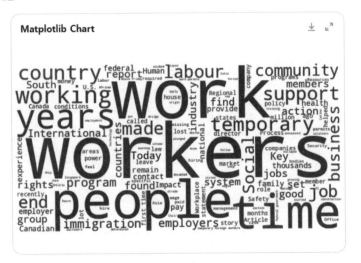

위의 워드클라우드는 상위 150개의 단어로 생성되었으며, 부정적인 언급 비중이 높을수록 빨간색, 긍정적인 언급 비중이 높을수록 녹색으로 표시되었습니다. 이를 통해 '외국인 노동자'와 관련된 주제에서 사람들이 어떤 키워드를 주로 언급하며, 감정적으로 어떻게 표현하고 있는지

시각적으로 파악할 수 있습니다.

추가적인 분석이나 더 필요한 사항이 있으시면 알려주세요. [–]

요청한 대로 언급량이 많은 상위 150개의 단어를 시각화했습니다. 언급량이 많을수록 더 크게 표시되었고, 부정적인 언급이 높을수록 빨간색으로 나타냈는데요. 긍정적인 언급 비중이 높은 단어가 없기 때문에 모든 단어가 붉은색 계열로 그려졌습니다.

🔎 인사이트 도출

여러 각도에서 데이터를 이해하고 분석해보았다면, 분석한 내용을 바탕으로 인사이트를 도출해봅니다. 이 단계에서는 챗GPT에게 어떤 인사이트를 도출할 수 있는지 제안을 해달라고 할 수도 있고, 직접 방향을 설정해서 해당 내용에 대한 인사이트를 도출해달라고 요청할 수도 있습니다.

입력 프롬프트

이 내용을 기반으로 '외국인 노동자'에 대해 사람들이 어떤 주제로 이야기하는지, 혹은 어떤 생각을 가지고 있는지 파악하고 싶어. 각 단어의 언급량과 긍정 및 부정의 감정 표현을 보고, 이 주제에 대해 사람들이 어떤 이야기를 하고 있는지 인사이트를 도출해줘.

SNS 데이터를 기반으로 사람들의 인식이나 이미지를 분석하는 작업을 수행해보았습니다. 데이터의 종류나 상황에 따라서는 다양한 데이터의 상관관계 분석이나 회귀 분석 등을 추가적으로 진행할 수도 있을 것입니다. 산업이나 업무에 따라서는 구매 데이터, 고객 데이터, 주가 데이터 분석을 할 수도 있습니다. 정형 데이터와 비정형 데이터 모두 활용이 가능하니 다양한 방식으로 데이터를 분석해보시면 좋겠습니다.

물론 챗GPT의 분석 결과를 맹신할 필요는 없습니다. 분석된 결과를 충분히 검토하고 검증하는 단계도 필요하죠. 데이터 분석 초보의 경우라면 더욱 주의가 필요합니다. 하지만 분석된 데이터를 살펴보는 과정을 거치다 보면 자연스럽게 데이터 분석 방법과 해석에도 경험이 쌓이는 것을 알 수 있을 것입니다.

또, 데이터 분석은 분석하려는 분야에 대한 이해가 높을수록 좋은 결과를 얻을 수 있습니다. 분석의 방향을 정하고 인사이트를 도출하는 과정에서 전문성과 데이터에 대한 이해도가 높다면 양질의 결과물을 받을 수 있습니다.

사진 한 장으로
코딩하기

AI의 멀티 모달(Multi Modal) 기능이 강화되면서 사진을 기반으로 다양한 프롬프트를 입력하고 응답을 받을 수 있습니다. 이미지를 이해하는 능력이 향상되었기 때문입니다. 최근 들어서는 만들고 싶은 페이지나 앱의 UI를 그림으로 그리는 것만으로도 기본적인 코딩이 가능해졌습니다. 이번에는 사진을 통해 챗GPT에게 구조를 이해시키고 간단한 랜딩페이지를 만드는 과정을 보여드리겠습니다. 참고로 저는 코딩에 대해 잘 모르는 문외한이라 간단한 페이지만 만들었지만, 실제 코딩에 능숙한 개발자라면 훨씬 더 고도화된 코드를 작성하실 수 있을 것입니다. 간단한 과정으로 페이지를 생성해보겠습니다.

스케치 업로드 → 기본 구조 구축 → 스타일 변경

💡 스케치 업로드

먼저 만들고 싶은 페이지의 모습을 생각해봅니다. 종이에 볼펜으로 간단하게 대략적인 구조를 그려보았습니다. 간단한 페이지를 만들어서 각각의 이미지를 클릭하면 다른 페이지로 연결될 수 있도록 구상했습니다. 많이들 쓰시는 링크트리와 비슷한 개념이죠.

이제 이미지를 기반으로 코드 작성을 해보려고 합니다. 예시는 GPT-4o를 사용했는데, 클로드의 무료 버전인 오푸스를 사용해도 좋지만 코딩 능력은 GPT-4가 더 좋습니다. 구글 제미나이는 코드 작성이 잘 되지 않고, MS 코파일럿은 이미지 인식 단계에서 어려움을 겪었습니다.

입력 프롬프트

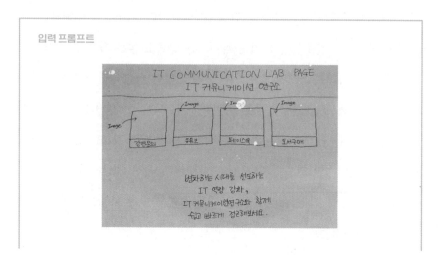

출력 내용

이 웹사이트 스케치는 "IT COMMUNICATION LAB PAGE"라는 제목의 페이지로 보입니다. 아래는 스케치에 대한 설명입니다.

1. 페이지 제목

영어로 IT COMMUNICATION LAB PAGE라고 적혀 있고, 그 아래에 한글로 IT 커뮤니케이션 연구소라고 되어 있습니다.

2. 상단 섹션

네 개의 이미지 상자가 가로로 나열되어 있습니다.

각 상자 아래에는 텍스트가 적혀 있습니다.

첫 번째 상자: 강연 문의 (강연에 대한 문의)

두 번째 상자: 유튜브 (유튜브 링크 또는 영상)

세 번째 상자: 페이스북 (페이스북 페이지)

네 번째 상자: 도서 구매 (도서 구매 링크)

3. 하단 섹션

페이지 하단에는 설명 문구가 있습니다.

변화하는 시대를 선도하는 IT 역량 강화

IT 커뮤니케이션 연구소와 함께 쉽게 빠르게 정립해보세요

우선 그림을 제대로 이해하는지 보기 위해 페이지에 대해 설명을 요청했습니다. 스케치를 기반으로 어떤 구성이고 목적이 무엇인지 잘 파악했습니다. 심지어 각각의 이미지에 페이지의 링크에 대한 정보를 미리 주지 않았는데도 무엇을 해야 할지 알고 있습니다.

AI가 이해한 내용을 바탕으로 기본적인 페이지 작성을 요청합니다. 이 과정을 위해서는 페이지에 넣을 이미지의 URL 정보와 클릭했을 때 이동할 URL 정보가 필요합니다. 필요한 정보를 찾아두었다면 프롬프트를 입력합니다.

입력 프롬프트

좋아. 이 페이지를 만들기 위한 html 코드를 작성해줘. html의 각 요소를 잘 고려해서 체계적으로 코드를 작성해 주고, 필요한 경우 주석을 달아서 이 코드를 처음 본 사람도 이해할 수 있도록 작성해줘. 본문에 들어가는 항목별 이미지는 아래 링크의 이미지를 넣어주고, 이미지를 클릭했을 때 다른 URL로 연결될 수 있도록 해 줘. 이미지 컨테이너에 들어가는 이미지의 크기는 모두 가로 170px, 세로 170px으로 설정해 줘. 이미지의 소스코드와 연결해야 하는 URL 정보는 아래를 참고해줘.

##이미지 코드##
- 강연문의: https://postfiles.pstatic.net/MjAyNDA2MTJfOTIg/MDAxNzE4MTc3MjQwNzg5.6m283SxYKZGFC7u91TsPMghVJDKS7nwVx_4hNYVCrpgg.huIA2eeC93_mXHLqrYHToDADektpOoxeHPjl_r-8-d4g.JPEG/20240607_204846.jpg?type=w466
- 유튜브: https://yt3.googleusercontent.com/UBeENahmuWmfCnKhMU5w6q_efIM9mwncOkHL5SkDU6EDcRNe67CoR_Vpqp01mE57jMU48yWH=s176-c-k-c0x00ffffff-no-rj
- 페이스북: https://scontent-ssn1-1.xx.fbcdn.net/v/t39.30808-6/447898674_8399608636716965_5788563330904744700_n.jpg?stp=c210.0.540.540a_dst-jpg_p180x540&_nc_cat=109&ccb=1-7&_nc_sid=5f2048&_nc_ohc=iBMYFgxWC_8Q7kNvgEWp0V-&_nc_ht=scontent-ssn1-1.xx&oh=00_AYCnv_9H81ZXYnkt_78Gq_3R947ElPDCvklaHil4YCdl-w&oe=667C19C9
- 도서구매: https://postfiles.pstatic.net/MjAyNDA1MzFfMTU1/MDAxNzE3MTM15NzExMjg2,

---

ajt1EPewOWYxcsPepWUbf3nQGXOAajOR2pN9wXQzMalg,25rPUyjDemoodGyw7YQ

la_uaip6-70bKAPDYrmujPOgg,JPEG/%EC%B1%97%EB%B4%872025-%ED%91%9C

%EC%A7%80%EC%9E%85%EC%B2%B4_%EA%B3%A0%ED%95%B4%EC%83%81,

jpg?type=w966

##URL 정보##
– 강연문의: https://docs.google.com/forms/d/e/1FAIpQLSe4daSyZsXdp2RJiKCa1EPFf5X

7whv1-MKBuWLOGb3pW1Zn8Q/viewform

– 유튜브: https://www.youtube.com/channel/UCS64ailcAPJiEERKWOM3bXA

– 페이스북: https://www.facebook.com/DavidKim0211

– 도서구매: https://www.yes24.com/Product/Goods/126870580

이미지의 크기가 제각각이기 때문에, 웹 페이지 구현에서는 동일한 사
이즈로 나오게 하기 위해 프롬프트에 '이미지의 크기는 모두 가로 170px,
세로 170px로 설정해줘'라는 조건을 넣었습니다. 이미지의 코드와 연결해
야 하는 URL 정보를 함께 제공했습니다.

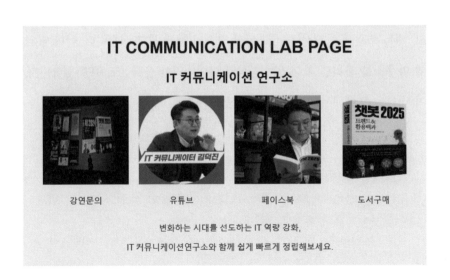

순식간에 페이지의 html 코드가 작성되었습니다. 전체 내용을 복사하고 싶으면, 검은색의 박스 오른쪽 상단에 있는 "Copy code" 아이콘을 누르면 됩니다. 이 코드를 html 형식으로 저장한 다음, 브라우저에서 열어보았습니다.

다소 휑한 느낌이 들기는 하지만, 서로 다른 원본 이미지의 크기를 잘 통일했고, 가장 위쪽의 제목과 하단의 설명도 작성이 잘 되었습니다. 이제 색상 등을 변경해서 조금 더 정리되어 보이는 형식으로 코딩 수정을 해봅시다.

💡 스타일 변경

조금 더 보기 좋은 페이지를 만들기 위해서, 색상을 변경하거나 이미지에 효과를 주는 방식을 생각해봅니다. 제목과 본문의 폰트를 변경하고 싶고, 제목 부분에는 색상을 바꾸어서 강조가 되게 하고 싶습니다. 이미지 위에 마우스를 올리면 확대되는 형식의 다이내믹한 움직임도 주고 싶습니다. 이 내용을 포함해서 프롬프트를 작성했습니다.

입력 프롬프트

아래의 내용대로 코드를 수정해줘.

제목 부분의 스타일을 바꿔줘. 신뢰감이 느껴지도록 색상을 정하고 싶은데, 배경색에 적당한 색상을 넣어주고 배경색과 구분되도록 글자 의 색상을 바꿔줘.

· 상단의 제목과 이미지 박스 사이의 간격을 늘리고 싶어. 넉넉하게 100px 정도의 간격을 넣어줘.

적용하고 싶은 폰트를 프롬프트에 넣어줍니다. 웹 퍼블리싱에서 폰트를
적용하는 방법은 다양한데, 여기에서는 구글 글꼴(https://fonts.google.com)
을 사용했습니다.

문외한도 챗GPT를 통해서 간단한 웹 페이지를 만드는 과정을 진행했
습니다. 물론 AI만으로 완벽하게 잘 짜인 웹 페이지를 만들 수는 없고 사람
의 손이 필요한 작업인 것은 사실이지만, 코드를 잘 알지 못해도 이렇게 쉽
고 빠르게 웹 페이지를 만들 수 있다는 점에서 큰 점수를 줄 만합니다.

코딩에 대한 지식이 충분한 사람이라면, 이 이상의 고도화된 페이지를
만드는 것도 쉽게 가능할 것입니다. 손 그림 한 장에서 시작되는 코딩, 정말
편하지 않습니까?

코드 리뷰는 AI에게 맡기고
개발에 집중하기

개발자에게 필수적인 능력 중 하나가 있다면 바로 코드 리뷰일 것입니다. 코드 리뷰는 전체적인 코드의 설계를 검토하면서 코드의 결함과 개선점을 찾아나가는 과정이죠. 이 코드 리뷰 역시 AI를 활용할 수 있습니다.

코드 리뷰 준비 → 코드 리뷰 수행 → 피드백 작성 → 코드 리뷰 결과 정리

작성한 코드를 업로드하고 업무 워크플로에 따라 프롬프트를 작성하면 됩니다. 사내에 코드를 작성하는 규칙이나 특정한 매뉴얼이 있다면 해당 정보를 제공하면 더욱 좋습니다. 아래의 표를 참고해서 나에게 맞게 수정한 다음 코드 리뷰를 수행해봅시다.

단계	세부 단계	프롬프트
1. 코드 리뷰 준비	1-1. 코드 이해	코드 리뷰를 시작하기 전에 해당 코드가 어떤 기능을 구현하는지 간단히 설명해줘. 코드의 주요 목적과 기능을 이해하는 것이 목표야.
2. 코드 리뷰 수행	2-1. 코드 스타일 및 포맷 확인	해당 코드의 스타일과 포맷이 우리 팀의 코딩 표준을 준수하는지 확인해줘. 불필요한 공백, 들여쓰기 문제, 일관성 없는 네이밍 등이 있는지 살펴봐줘.
	2-2. 코드 로직 및 구조 분석	해당 코드의 로직과 구조를 분석해줘. 코드의 흐름이 이해하기 쉽고 논리적으로 맞는지, 함수나 모듈의 분리가 적절하게 이루어졌는지 확인해줘.
	2-3. 성능 및 효율성 평가	해당 코드의 성능과 효율성을 평가해줘. 더 나은 성능을 위해 최적화할 수 있는 부분이 있는지, 리소스 사용이 적절한지 검토해줘.
	2-4. 안전성 및 보안성 확인	해당 코드의 안전성과 보안성을 확인해줘. 잠재적인 버그, 예외 처리의 적절성, 보안 취약점 등이 있는지 살펴봐줘.
	2-5. 테스트 코드 검토	해당 코드와 관련된 테스트 코드도 검토해줘. 테스트가 충분히 작성되었는지, 테스트 커버리지가 적절한지, 테스트 코드 자체의 품질도 확인해줘.
3. 피드백 작성	3-1. 긍정적인 피드백	코드 리뷰에서 발견한 긍정적인 점들을 작성해줘. 잘 작성된 부분이나 개선된 점들을 구체적으로 언급해줘.
	3-2. 개선 사항 제안	코드 리뷰에서 발견된 문제점이나 개선이 필요한 부분을 작성해줘. 각 문제점에 대해 구체적인 개선 제안도 포함해줘.
4. 코드 리뷰 결과 전달	4-1. 리뷰 요약 작성	이번 코드 리뷰의 주요 내용을 요약해줘. 긍정적인 점들과 개선 사항들을 포함해서 간단히 정리해줘.
	4-2. 리뷰 피드백 전달	작성된 코드 리뷰 피드백을 개발자에게 전달할 수 있는 메시지를 작성해줘. 긍정적인 피드백과 개선 사항을 명확하게 전달해줘.

5장

1인 크리에이터와 AI,
환상의 파트너십

아이디어가 마르면
AI PD와 상의하세요

생성형 AI를 업무에 도입하는 것은 아주 똑똑하지만 일머리가 조금 없는 인턴을 채용하는 것과 비슷합니다. 내 일을 도와주는 서포터가 생겼다고 생각하면 되는 거죠. AI의 이런 능력은 특히 혼자서 많은 일을 도맡아야 하는 1인 크리에이터에게 아주 유용합니다. 특히 최근 들어 AI의 멀티모달 기능이 강화되면서 다양한 방식으로 AI를 활용할 수 있게 되었습니다.

이번 장에서는 직장인들을 대상으로 각종 AI 도구를 사용해서 업무를 효율적으로 하는 법을 알려주는 스마트워크 전문 유튜버라고 가정해보고 AI를 활용하는 방식을 제안해보겠습니다.

1인 크리에이터로서 가장 고민되는 것 중 하나는 바로 콘텐츠 기획일 것입니다. 내 채널의 콘셉트에 맞으면서도 시의성 있고, 사람들이 관심을 가질 만한 주제를 선정해서 콘텐츠를 만들어야 하죠. 콘텐츠 기획 단계는 이렇게 정리할 수 있습니다.

시장 및 대상 분석 → 아이디어 브레인스토밍 → 콘텐츠 기획

위의 워크플로를 염두에 두고 프롬프트를 작성해봅시다.

💡 시장 및 대상 분석

콘텐츠 아이디어를 도출하기 전, 먼저 어떤 콘셉트의 채널인지 알려주고 관련 내용을 이해할 수 있도록 시장조사를 지시합니다. 그냥 바로 아이디어를 도출하는 것도 좋지만, 전체적인 내용과 맥락을 알고 있는 상태에서 AI는 더 좋은 결과물을 만들어주기 때문입니다. 원하는 콘텐츠의 콘셉트와 내용이 어느 정도 잡혀 있는 상황이라면 이 단계는 넘어가도 좋습니다.

입력 프롬프트

나는 스마트워크 전문 유튜버로서 직장인들을 대상으로 AI 도구를 활용한 업무 효율화 방법을 알려주고 있어. 먼저, 직장인들의 스마트워크 관련 주요 관심사와 트렌드를 분석해줘. 주로 어떤 주제에 관심을 갖고 있는지, 어떤 문제를 해결하고자 하는지 알려줘.

출력 내용

주요 관심사

1. 하이브리드 및 원격 근무 모델: 많은 직장인들이 여전히 하이브리드 또는 원격 근무 옵션에

큰 관심을 가지고 있습니다. 특히 젊은 층의 경우, 인적 교류를 중시하여 하이브리드 근무 모델을 선호하는 경향이 있습니다 (World Economic Forum) (Workai)

2. AI 및 자동화 도구 활용: 인공지능 도구를 활용한 업무 효율화는 큰 관심사입니다. AI는 단순한 반복 작업을 자동화하고, 데이터 분석, 일정 관리, 콘텐츠 생성 등 다양한 업무에서 효율성을 높이는 데 기여합니다 (Work Design Magazine) (Gartner)

3. 업스케일링 및 리스킬링: AI와 같은 신기술의 도입으로 인해 새로운 기술 습득의 필요성이 증가하고 있습니다. 직장인들은 자신들의 경쟁력을 유지하기 위해 지속적인 학습과 기술 향상을 중요하게 생각합니다 (Gartner) (Workai)

4. 데이터 기반 의사결정: 조직들은 데이터 분석 도구를 통해 직원의 참여도, 성과, 만족도를 평가하고, 이를 기반으로 의사결정을 내리는 것이 중요해지고 있습니다 (Workai)

5. 디지털 협업 도구: 원격 근무 환경에서 팀 간의 협업과 커뮤니케이션을 원활하게 하기 위해 다양한 디지털 협업 도구의 사용이 증가하고 있습니다. 이러한 도구들은 가상 팀 빌딩 활동 및 디지털 워크스페이스를 통해 팀의 역동성을 강화합니다 (Workai)

주요 문제 및 해결 과제

1. 기술 적응 및 교육: 새로운 기술 도입에 따른 교육과 적응이 큰 도전 과제입니다. 많은 조직들이 직원들에게 AI 도구 사용법을 교육하고, 이를 업무에 통합하는 과정에서 어려움을 겪고 있습니다 (Work Design Magazine) (Microsoft Cloud)

2. 사이버 보안: 디지털 플랫폼에 대한 의존도가 증가함에 따라, 민감한 데이터 보호와 통신 채널의 보안 유지가 중요한 이슈로 떠오르고 있습니다 (Workai)

3. 업무 스트레스 및 균형 유지: AI 도구가 업무 효율성을 높이는 반면, 빠른 작업 속도로 인해 스트레스가 증가할 수 있습니다. 따라서 적절한 업무 분배와 균형 유지를 위한 노력이 필요합니다 (Work Design Magazine)

4. 직원 참여 및 동기 부여: AI와 디지털 도구를 활용하여 직원들의 참여도를 높이고, 팀의 동기 부여를 유지하는 것이 중요합니다. 이를 위해 AI 기반의 직원 참여 전략이 유용할 수 있습니다 (FlexOS)

이 단계는 앞서 데이터 분석 장에서 먼저 데이터를 AI에게 인지시키는 것과 비슷한 과정이라고 이해하면 됩니다. 직장인들이 똑똑하게 일하기 위해 어떤 분야들에 관심이 있는지 정리가 되었습니다. 평소 다루지 않던 주제라도 조금 더 폭넓은 시각으로 보면서 채널의 확장 가능성에 대한 아이디어를 얻을 수도 있을 것입니다.

그다음으로는 구독자에 대한 파악도 해보라고 지시합니다. 내 채널의 콘텐츠가 어떤 이들을 대상으로 하고 있는지 이해하는 것도 콘텐츠 기획에서 중요한 부분이기 때문입니다.

입력 프롬프트

직장인 구독자들의 연령대, 직업군, 직무별 특성을 분석해줘. 이들이 어떤 필요와 요구를 가지고 있는지 구체적으로 설명해줘.

특별히 타깃으로 설정한 구독자층이 있다면, 다음 프롬프트에는 해당 내용을 포함해서 아이디어를 도출해달라고 요청할 수도 있겠습니다.

💡 아이디어 브레인스토밍

이제 본격적인 콘텐츠 기획을 위해서 아이디어를 도출해보겠습니다. 이 단계에서는 채널에서 어떤 것들을 다룰 수 있는지 정보를 함께 던져주면 좀 더 좋은 답변을 받을 수 있습니다. 아이디어는 최대한 풍부하게 도출하는 것이 좋기 때문에 수량을 구체적으로 지정해서 정리해달라고 작성합니다.

채널의 특징과 구독자를 감안해서 30개의 아이디어를 제시하도록 주문합니다. 여기에서 볼 수 있듯, 어떤 정보를 주느냐에 따라 AI가 도출할 수 있는 아이디어의 폭이 달라집니다. 그렇기 때문에 최대한 구체적인 정보를 제공한다면 실질적으로 제작할 수 있는 콘텐츠를 중심으로 아이디어를 도출해줄 수 있습니다.

물론 이 아이디어가 모두 실현 가능한 것이 아니기 때문에, 이 단계에서 적절한 아이디어를 골라내는 것은 인간의 일이겠죠. 다음과 같이 적당한 주제를 골라서 세부적으로 아이디어를 도출해달라고 요청하겠습니다.

- 분석 결과를 바탕으로 중요한 인사이트를 도출하는 방법
- 실제 비즈니스 사례를 통해 구글 제미나이를 활용한 데이터 분석 예시
- 데이터 분석의 중요성과 구글 제미나이의 활용 팁 요약

이런 방식으로 각각의 아이디어에 대해 어떤 내용을 다루게 되는지 구체적인 기획을 진행할 수 있습니다. 도출된 내용이 마음에 들지 않는다면 어떤 측면을 중점적으로 고려해달라고 다시 프롬프트를 수정해서 입력하는 방식으로 반복합니다.

💡 콘텐츠 기획

대략적인 내용에 대한 아이디어가 나왔다면, 어떤 형태로 콘텐츠를 만들면 좋을지 생각해봐야겠죠. 이 중에 콘텐츠로 만들고 싶은 몇 가지를 골라서 각각의 콘텐츠 내용을 감안해서 어떤 형식의 콘텐츠가 가장 적절한지 제안해달라고 해봅니다.

입력 프롬프트
콘텐츠 아이디어에 대한 최적의 형식을 제안해줘. 그리고 제안한 형식에 대한 이유를 설명해줘.

출력 내용
구글 제미나이를 활용한 데이터 분석 및 인사이트 도출
형식: 튜토리얼 영상
이유: 데이터 분석 과정은 시각적으로 이해하기 쉬워야 합니다. 튜토리얼 영상은 구글 제미나이

의 인터페이스와 기능을 직접 보여주면서 설명할 수 있어 학습자들에게 가장 효과적입니다. 화면 공유와 실습 과정을 통해 사용자가 따라 하면서 학습할 수 있는 구조를 제공할 수 있습니다.

같은 유튜브 영상이라도 튜토리얼이나 라이브 스트림, 인터뷰 등으로 다양한 형태의 제작이 가능합니다. 콘텐츠의 내용을 감안해서 최적의 형태를 구상하는 것도 1인 크리에이터로서 중요한 부분일 것입니다.

이렇게 콘텐츠의 형태가 나왔다면 이제 콘텐츠별로 구성안을 작성해야 합니다. 전체 몇 분가량의 영상을 만들 것인지, 어떤 내용을 어느 정도의 분량으로 다룰 것인지 구체화해야 하죠. 아래의 프롬프트를 활용해서 각각의 콘텐츠 구성안을 도출해봅니다.

입력 프롬프트

콘텐츠 아이디어에 대해 적절한 분량과 구조를 설계해줘. 예를 들어,10분짜리 튜토리얼 영상이라면, 도입부, 본론, 결론으로 나누어 각 부분에 들어갈 내용을 구체적으로 제안해줘.

출력 내용

구글 제미나이를 활용한 데이터 분석 및 인사이트 도출

형식: 15분짜리 튜토리얼 영상

- 도입부(2분): 구글 제미나이 소개 및 데이터 분석의 중요성 설명, 영상의 목적과 주요 학습 내용 안내
- 본론(10분): 데이터 불러오기 및 정리 방법 시연(2분), 평균, 중앙값, 표준편차 계산 방법 설명(2분), 차트와 그래프 생성 방법 시연(3분), 회귀 분석 및 클러스터링 기법 소개 및 시연(3분)
- 결론(3분): 분석 결과를 바탕으로 도출한 인사이트 요약, 구글 제미나이의 추가 활용 팁, 시청자들에게 질문 및 피드백 요청

도입부, 본론, 결론으로 나누어서 각각의 세부적인 내용을 구성할 수 있었습니다. 여기에서는 세 가지 부분으로 나누었지만, 영상을 구성하는 방식이 다르다면 맞는 구성 개요를 입력해서 내용을 출력하면 됩니다.

여기에서 볼 수 있듯, 콘텐츠 기획에도 특정한 워크플로가 존재합니다. 업무의 각 단계를 구체적으로 정의할 수 있다면, 각 단계에서 AI가 어떤 역할을 할 수 있는지, AI를 활용해서 업무를 얼마나 효율적으로 수행할 수 있는지 접근하기가 쉽습니다. 1인 크리에이터의 시간을 두 배로 쓸 수 있게 해주는 AI, 꼭 활용해보시기 바랍니다.

섬네일부터 콘텐츠까지,
AI 마케터와 함께 성장하기

1인 크리에이터는 콘텐츠의 제작부터 홍보까지 오롯이 스스로 해내야 합니다. 어떻게 하면 사람들의 이목을 끌 수 있는 제목과 섬네일을 만들 수 있는가는 늘 고민 요소입니다. 제목과 섬네일 제작이 고민된다면, AI 마케터와 함께 제작해보는 것도 좋겠죠.

간단한 프롬프트를 통해 제목과 섬네일 아이디어를 얻어보겠습니다. 여기에서는 앞에서 작성한 콘텐츠 기획과 같은 채팅 세션에서 계속 입력하는 것으로 진행해봅니다. 만일 앞의 맥락이 없는 상황이라면, 콘텐츠의 내용에 대한 정보를 프롬프트에 포함해야 합니다.

아래와 같이 제목을 추천해달라는 프롬프트를 입력합니다. 여기에 '클릭 유도 요소를 반영해줘'라고 포함해서 사람들의 반응을 이끌어낼 수 있도록 요청을 해보았습니다. 이런 방식으로 제목의 작성에 고려해야 하는 요소가 있다면 프롬프트에 포함해서 작성합니다.

입력 프롬프트

콘텐츠 아이디어에 맞는 매력적인 제목을 작성해줘. 시청자들의 관심을 끌 수 있도록 핵심 주제를 포함하고, 클릭 유도 요소를 반영해줘.

출력 내용

구글 제미나이를 활용한 데이터 분석 및 인사이트 도출

구글 제미나이로 데이터 분석 마스터하기: 인사이트 도출 비법 공개!

- 핵심 주제: 데이터 분석과 인사이트 도출
- 클릭 유도 요소: 마스터하기, 비법 공개

주제에 맞는 제목을 추천하면서 클릭을 유도하는 요소가 무엇인지도 함께 제안해주었습니다. 시청자들의 관심사를 고려해 어떤 단어를 넣었을 때 클릭을 유도할 수 있는지를 고민한 제목들입니다.

다음으로 섬네일 기획입니다. 유튜브에서 알고리즘에 따라 추천되는 다양한 영상들을 보면, 제목보다 때로는 섬네일만 보고 영상을 선택하게 되기도 합니다. 그만큼 클릭 유도에 있어 중요한 요소라고 할 수 있습니다. 섬네일 기획의 주요 요소인 텍스트와 시각적인 강조 요소, 색상 조합 등을 포함해달라고 했습니다. 단, 텍스트의 경우에는 사람들의 관심을 끌 수 있도록 자극적인 표현이나 밈을 포함해도 좋다는 조건을 달아서 더욱 섬네일의 효과를 높일 수 있게 프롬프트를 작성했습니다.

입력 프롬프트

콘텐츠의 섬네일 디자인을 기획해줘. 주요 요소로는 텍스트, 시각적 강조 요소, 색상 조합 등을 포함해서 시청자들의 시선을 끌 수 있도록 해줘. 텍스트는 영상의 제목과 달라도 좋고, 관심을 끌기 위해서 자극적인 표현이나 최신 밈(meme)을 사용해도 좋아. 전체 내용은 표 형태로 정리해줘.

출력 내용

다음은 각 콘텐츠의 섬네일 디자인을 위한 기획을 표 형태로 정리한 것입니다. 주요 요소로는 텍스트, 시각적 강조 요소, 색상 조합 등을 포함하여 시청자들의 시선을 끌 수 있도록 하였습니다.

콘텐츠 주제	섬네일 텍스트	시각적 강조 요소	색상 조합
구글 제미나이를 활용한 데이터 분석 및 인사이트 도출	"데이터 분석의 신세계!"	구글 제미나이 로고, 그래프 아이콘, 분석 중인 데이터 스크린샷	파란색, 하얀색, 초록색 (신뢰와 전문성을 강조)

디자인 요소 설명

• **텍스트**: 섬네일 텍스트는 짧고 강렬하며, 콘텐츠의 핵심 메시지를 담고 있어야 합니다. 텍스

트는 두꺼운 폰트로 강조하여 시선을 끌도록 합니다.

- **시각적 강조 요소:** 각 콘텐츠와 관련된 주요 도구와 아이콘, 시각적으로 이해하기 쉬운 그래프나 차트, 실전 예시 이미지를 사용하여 시청자들이 콘텐츠의 내용을 쉽게 파악할 수 있도록 합니다.
- **색상 조합:** 각 섬네일의 색상은 신뢰, 주의, 활력, 평화, 전문성, 주목 등 각 콘텐츠의 성격을 반영하여 적절한 색상 조합을 선택합니다. 기본적으로 강렬한 색상 대비를 통해 시선을 끌 수 있도록 합니다.

이렇게 각각의 콘텐츠에 맞는 제목과 섬네일 기획이 작성되었습니다. 그 다음은 실제로 이미지를 제작하는 단계로 넘어가야겠죠. 디자인 툴을 능숙하게 사용하지 못한다면, 시중에 있는 디자인 도구들을 활용하면 좋습니다. 캔바(Canva)나 미리캔버스, 망고보드와 같은 서비스들은 무료 회원으로도 충분히 매력적인 섬네일을 제작할 수 있도록 다양한 템플릿과 도구를 제공하고 있습니다.

GPT-4와 MS 코파일럿이라면 프롬프트를 입력해서 직접 이미지를 그릴 수도 있습니다. 다만, 한국어 텍스트를 그리는 것은 잘 못하기 때문에 우선 이미지를 그린 다음 텍스트 입력은 별도의 디자인 툴에서 해결해야 합니다.

프롬프트를 입력해서 그림을 그려 달라고 요청해봅니다.

입력 프롬프트

위의 섬네일 기획에 따라, '구글 제미나이를 활용한 데이터 분석 및 인사이트 도출' 콘텐츠의 섬네일을 그려줘. 텍스트는 제외하고, 시각적 강조 요소와 생상 조합을 고려해서 16:9 사이즈의 이미지를 제작해줘. 이미지는 최대한 사실적이고 높은 퀄리티여야 해.

출력 내용

시각적 강조 요소로는 구글 제미나이 로고, 그래프 아이콘, 데이터 분석 인터페이스 스크린샷을 포함하였으며, 파란색, 하얀색, 초록색의 색상 조합을 사용하여 신뢰성과 전문성을 강조하였습니다.

섬네일 기획 의도에 맞게 시각적 강조 요소와 색상 조합을 활용한 그림이 제작되었습니다. 글자의 경우 오타가 있기는 하지만, 간단한 편집 툴로 지우고 텍스트를 직접 입력하는 방식으로 수정할 수 있습니다. 이 그림을 기반으로 텍스트를 넣어서 편집해보겠습니다.

구글 제미나이의 아이콘을 활용해, 전체 영상의 제목을 넣는 것이 아닌 짧은 섬네일 텍스트만을 활용해서 강조해보았습니다.

이렇게, 1인 크리에이터는 어떤 도구를 사용하느냐에 따라서 섬네일 제작의 퀄리티도 달라집니다. 앞으로 AI의 멀티 모달 기능이 강화될수록 더욱 쉽게 이런 업무들을 수행할 수 있을 것입니다.

팬 반응 분석,
통계 전문가 AI에게 맡겨줘요

1인 크리에이터라면 시청자들의 반응을 면밀하게 분석하고 채널을 운영하는 전략에 반영하는 것도 필요할 것입니다. 시청자들의 피드백을 통해 어떤 콘텐츠가 인기를 끌고 있는지, 어떤 부분에서 개선이 필요한지를 파악할 수 있습니다.데이터 분석 기능을 활용하면 팬들의 의견이 긍정적인지, 부정적인지, 혹은 주로 어떤 이야기를 하고 있는지를 굉장히 빠르게 정리할 수 있습니다. 이를 통해 크리에이터는 시청자들의 요구와 기대에 더욱 부합하는 콘텐츠를 제작할 수 있으며, 채널의 성장과 발전을 도모할 수 있습니다. 또한, 시청자들과의 소통을 강화하여 더 나은 커뮤니티를 형성할 수 있습니다.

먼저 고객의 리뷰를 복사해서 파일을 만들어줍니다. 텍스트 파일이나 엑셀, 워드, PDF 파일 형식 모두 가능합니다. 이 파일을 챗GPT에게 주고 데이터 분석을 통해서 팬들의 반응을 분석해봅시다.

챗GPT는 문맥을 파악할 수 있기 때문에, 텍스트 분석을 기반으로 특정 문장이 긍정적인 내용인지 부정적인 내용인지 구분할 수 있습니다. 이를 활용해서 긍정 리뷰와 부정 리뷰의 주요 내용을 정리할 수 있습니다. 아래와 같이 프롬프트를 입력해봅시다.

입력 프롬프트

첨부한 데이터는 내 유튜브 채널의 영상에 달린 팬들의 댓글이야. 각각의 리뷰 내용을 잘 보고, 긍정적인지 부정적인지 구분해봐. 긍정적인 댓글의 주요 내용과 부정적인 댓글의 주요 내용을 개조식으로 정리해줘.

영상댓글.xlsx
Spreadsheet

출력 내용

긍정적인 댓글 요약

- 많은 사용자들이 제품의 유용성과 효율성을 칭찬하며, 제품 사용으로 인해 업무가 쉬워졌다는 의견을 남겼습니다.
- 사용자들은 새로운 팁과 기능에 감사함을 표현하며, 비디오 내용이 매우 도움이 되었다고 언급했습니다.

부정적인 댓글 요약

- 일부 사용자는 특정 기능이 자신의 일상 업무에 적합하지 않거나, 사용하는 데 어려움을 겪고 있다고 언급했습니다.

- 기업 환경에서 사용할 수 없는 도구에 대한 아쉬움을 표현하는 등 제한적인 상황에 대한 불만을 드러내기도 했습니다.

정형 데이터를 분석하는 것만큼이나 챗GPT는 비정형 데이터의 분석에서도 강점을 보입니다. 각각의 맥락을 파악해서 긍정과 부정을 구분할 수 있죠. 이렇게 팬들이 긍정과 부정, 어떤 내용의 댓글을 작성했는지도 아주 빠르게 파악할 수 있습니다.

4부

AI와 함께 살아가기, 당신의 미래 지침서

1장

AI시대,
이것만 알면 두렵지 않아요

AI는 도구,
주인공은 나

🔖 AI의 도구적 성격 이해하기

인공지능은 우리 일상과 업무 환경에 깊숙이 파고들며 혁명적인 변화를 가져오고 있습니다. 음성 비서부터 자율주행 자동차, 맞춤형 콘텐츠 추천 시스템에 이르기까지 AI는 이제 우리 삶의 필수불가결한 요소가 되어가고 있습니다. 그러나 이런 급격한 변화 속에서 우리가 잊지 말아야 할 중요한 사실이 있습니다. 바로 AI는 어디까지나 '도구'라는 점입니다.

AI를 도구로 인식한다는 것은 무엇을 의미할까요? 그것은 AI가 우리의 삶을 편리하게 만들어주는 수단이지만, 결코 우리의 판단과 결정을 완전히 대체할 수 없다는 것을 의미합니다. 망치가 집을 짓는 데 필수적인 도구이지만 망치 스스로 집을 지을 수 없듯이, AI 역시 우리의 지시와 통제 없이는 독자적으로 가치 있는 결과물을 만들어낼 수 없습니다.

예를 들어, AI 기반 번역 시스템은 놀라운 속도로 발전하고 있지만, 여전히 맥락을 완벽히 이해하고 문화적 뉘앙스를 살린 번역을 하기는 어렵습니다. 전문 번역가들은 AI 번역 결과물을 기초로 삼아 더 빠르고 정확한 번역을 할 수 있지만, 최종적인 퇴고와 품질 관리는 여전히 인간의 몫입니다. 특히 중요한 정보를 다루는 공공의 문서나 법률 문서 등은 AI의 번역에만 맡기기에는 위험한 부분이 많습니다.

2020년 아프가니스탄 난민의 미국 망명 신청서 사건이 대표적입니다. 당시 아프가니스탄에서 탈출한 한 난민이 미국에 망명하기 위한 신청서를 냈는데, 법원에 제출된 증거 서류를 AI 번역 도구가 잘못 번역하면서 법원의 잘못된 판단에 큰 영향을 미쳤습니다. 당시 망명을 신청한 사람은 '파슈토어'라는 아프가니스탄의 지역어를 구사했는데, 소수 언어를 구사하는 번역가는 찾기도 힘들고 비용도 많이 들죠. 그래서 많은 부처들이 자동 번역 도구로 난민 심사 과정을 자동화한 것인데, 결국 맥락이나 정확한 내용을 이해할 수 없는 AI의 번역으로 망명을 하지 못하게 된 위기에 처했던 것입니다. 당시 우마 미르하일이라는 전문 번역가가 다양한 서류를 꼼꼼하게 분석한 끝에 AI 번역의 오류를 알아챈 덕분에 이 같은 사실이 밝혀지게 되었습니다.

이처럼 AI는 우리의 능력을 증강시키는 강력한 도구이지만, 결국 그 활용과 방향성을 결정하는 것은 결국 우리 자신입니다. AI의 도구적인 성격을 이해하는 것은 AI와의 관계에서 주도권을 잃지 않기 위해 매우 중요합니다. AI에 지나치게 의존하거나 AI의 결정을 무비판적으로 수용하는 것은 위험할 수 있습니다. 대신 AI를 우리의 지식과 경험, 직관을 보완하는 보조 수단으로 활용해야 합니다. 이를 통해 AI의 장점은 최대한 활용하면서도, 인간만이 할 수 있는 창의적이고 윤리적인 판단을 내릴 수 있게 됩니다.

💡 AI 리터러시의 중요성

AI를 도구로 인식하고 인간 주도의 활용 원칙을 세웠다면, 이제 필요한 것은 AI에 대한 이해력, 즉 AI 리터러시를 높이는 것입니다. AI 리터러시란 AI 기술의 기본 개념과 작동 원리를 이해하고, 이를 실제 상황에 적절히 활용할 수 있는 능력을 말합니다. 특히 윤리적인 태도를 견지하면서 AI에 대해 비판적으로 평가하고 활용할 수 있는 것을 의미합니다.

AI 리터러시가 중요한 이유는 무엇일까요? 첫째, AI의 가능성과 한계를 정확히 인식할 수 있게 해줍니다. AI가 할 수 있는 것과 할 수 없는 것을 구분함으로써, AI를 과대평가하거나 과소평가하는 오류를 피할 수 있습니다. 둘째, AI와 관련된 윤리적, 사회적 이슈에 대해 정보에 입각한 결정을 내릴 수 있게 합니다. AI가 제기하는 프라이버시, 공정성, 책임성 등의 문제에 대해 균형 잡힌 시각을 가질 수 있게 되는 것입니다. 셋째, AI 기술을 효과적으로 활용하여 업무 생산성과 창의성을 높일 수 있습니다.

AI 리터러시를 높이기 위해서는 어떻게 해야 할까요? 우선, AI의 기본 개념과 용어에 대한 이해가 필요합니다. 머신 러닝, 딥 러닝, 신경망 등의 개념을 최소한 개괄적으로라도 알아야 합니다. 다음으로 AI의 다양한 응용 분야와 사례를 학습해야 합니다. 이를 통해 AI가 실제로 어떻게 활용되고 있는지, 어떤 가능성과 한계가 있는지 파악할 수 있습니다.

마지막으로, 간단한 AI 도구들을 직접 사용해보는 실습이 도움이 됩니다. 예를 들어, 챗봇 만들기, 이미지 인식 모델 훈련하기 등의 경험을 통해 AI의 작동 원리를 체감할 수 있습니다. 그러니까 지금 이 책을 읽고 계신 여러분은 이미 AI 리터러시 향상에 한 발짝 내딛은 셈입니다.

앤드루 응(Andrew Ng)의 Coursera 강좌 'AI for Everyone' 등은 AI 리터러시를 높이는 데 좋은 출발점이 될 수 있습니다. 국내에서도 여러 교육 기관에서 AI리터러시와 관련된 강좌를 제공하고 있습니다. 또한, AI 관련 뉴스와 트렌드를 지속적으로 팔로하는 것도 중요합니다. AI 기술은 빠르게 진화하고 있기 때문에, 최신 동향을 파악하는 것이 필수적입니다. 매번 탐색하는 것이 부담스럽다면, AI와 관련된 대표적인 뉴스레터를 구독한다면 편리할 것입니다. 도움이 될 만한 서비스 몇 가지를 소개합니다.

더코어(https://thecore.media/) 비즈니스, 미디어, AI가 주요 카테고리인 유료 구독 기반의 경제 매체. 무료로 뉴스레터를 구독할 수 있으며, 2~3일에 한 번씩 양질의 업계 소식을 받아볼 수 있습니다.

셀렉트스타(https://page.stibee.com/archives/212479) 인공지능 개발에 필요한 데이터를 크라우드소싱으로 수집, 가공하는 플랫폼인 셀렉트스타에서 제공하는 뉴스레터. 약 일주일에 한 번씩 AI 뉴스와 트렌드를 발행합니다.

지피터스(https://gpters.stibee.com/) 국내 최대의 AI 커뮤니티인 지피터스에서 발행하는 뉴스레터. 특히 다양한 AI 툴을 활용해서 업무에 적용하는 방법에 대한 아이디어를 얻기에 좋은 것 같습니다.

적응력 = 경쟁력,
평생 학습의 시대

인공지능 기술은 놀라운 속도로 발전하고 있습니다. 불과 몇 년 전만 해도 상상 속에서나 가능했던 일들이 현실이 되고 있죠. 이러한 AI 기술 발전의 가속화 현상은 우리의 삶과 일터에 큰 영향을 미치고 있습니다.

AI 기술 발전의 가속화를 보여주는 대표적인 예로 자연어 처리 분야를 들 수 있습니다. 2020년 등장한 GPT-3는 놀라운 텍스트 생성 능력을 보여주었고, 이어서 나온 챗GPT는 더욱 진화된 대화 능력으로 전 세계를 놀라게 했습니다. 이러한 발전 속도는 무어의 법칙을 뛰어넘는 수준입니다.

컴퓨터 비전 분야에서도 비슷한 현상이 일어나고 있습니다. 이미지 인식의 정확도가 빠르게 향상되고 있으며, 최근에는 텍스트로 이미지를 생성하는 DALL-E, Midjourney와 같은 AI 모델들이 등장해 창의적인 작업에서도 AI의 활용 가능성을 보여주고 있습니다.

AI를 학습시키고 구동하는 데 필요한 하드웨어 역시 경이로운 속도로 발전하고 있습니다. 지난 10년 동안 GPU의 성능은 1,000배 이상 향상되었고, 이런 포스트 무어의 법칙 시대에 엔비디아의 CEO인 젠슨 황의 이름을 따서 "황의 법칙"이라는 단어까지 등장했습니다. 컴퓨팅 분야에서는 새로운 칩과 시스템 세대가 나올 때마다 혁신적인 등장이 이어지고 있습니다.

이러한 AI 기술의 급속한 발전은 여러 산업 분야에 큰 변화를 가져오고 있습니다. 제조업에서는 AI를 활용한 스마트 팩토리가 확산되고 있으며, 금융업에서는 AI 기반의 로보어드바이저가 자산관리 서비스를 제공하고 있습니다. 의료 분야에서도 AI를 활용한 질병 진단과 신약 개발이 활발히 이루어지고 있죠.

글로벌 제약사들은 기존 임상의 속도를 높이는 수준에서 벗어나 '가상 임상'을 통해 임상시험의 성공 가능성을 높이고 있습니다. 임상 이미지와 의료 보고서를 결합하는 영상 진단을 통해 환자의 상태에 대한 이해를 돕는 리포트를 작성하고, 환자의 활력징후를 분석해서 심정지 발생의 위험도를 점수로 제공하는 의료 솔루션도 있습니다. 특히 인간의 생명 및 건강과 직결되어 있는 의료 분야에서 AI의 적용이 확대되고 있다는 것은 많은 것을 시사합니다. 그만큼 실질적인 도움이 된다는 것을 의미하기 때문입니다.

이러한 상황에서 우리에게 필요한 것은 AI 기술의 발전 속도를 따라잡을 수 있는 적응력입니다. 빠르게 변화하는 환경에 유연하게 대응하고, 새로운 기술을 효과적으로 활용할 수 있는 능력이 그 어느 때보다 중요해지고 있는 것입니다.

💡 변화 적응력의 중요성

AI 시대에 적응력이 왜 중요할까요? 그것은 바로 변화의 속도와 규모가 전례 없는 수준이기 때문입니다. 과거에는 한 세대에 걸쳐 일어났던 변화가 이제는 불과 몇 년 만에 일어나고 있습니다. 이런 상황에서 변화에 빠르게 적응하지 못하면 뒤처질 수밖에 없습니다. 변화 적응력을 키우기 위해서는 지속적인 학습과 경험이 필요합니다. 새로운 기술에 대한 호기심을 가지고 꾸준히 탐구하며, 다양한 분야의 지식을 융합하려는 노력이 중요합니다. 또한, 실패를 두려워하지 않고 도전하는 자세, 그리고 변화를 위협이 아닌 기회로 바라보는 긍정적인 마인드셋이 필요합니다.

💡 지속적 학습의 필요성과 방법

AI 시대에 적응력을 키우기 위해서는 지속적인 학습이 필수적입니다. 이는 단순히 새로운 지식을 습득하는 것을 넘어, 평생에 걸쳐 자신의 역량을 지속적으로 개발하고 확장해 나가는 것을 의미합니다.

AI 기술은 빠르게 진화하고 있어, 한 번 배운 지식이 금방 낡아질 (outdated) 수 있습니다. 따라서 최신 기술 동향을 계속해서 파악하고 학습해야 합니다. 그렇다면 어떻게 지속적으로 학습할 수 있을까요?

IBM의 직업 교육 프로그램은 AI 시대에 적응하기 위한 지속적 학습과 역량 개발의 좋은 예입니다. IBM은 기술 변화로 전통적인 블루칼라와 화이트칼라 구분이 무의미해지고 있다고 보고, 새로운 형태의 직업군인 '뉴칼라(New Collar)' 개념을 제시했습니다. 뉴칼라는 2016년에 CEO인 지니 로메티가 제시한 개념으로, 명문대 학위가 아니라 실질적인 스킬을 보유한 인재를 채용해서 육성하자는 인사 전략으로 이어졌습니다.

2021년 1월에 IBM은 채용 중인 공고의 50%에서 기존의 '4년 학위 요건'을 제거했습니다. 실제로 미국 IBM 본사 인력의 3분의 1은 뉴칼라에 해당할 정도입니다.

IBM은 2011년부터 하이테크 기술 격차를 해결하기 위해 P-TECH (Pathways in Technology Early College High school) 프로그램을 운영하고 있습니다. 일종의 공교육 모델로, 9학년부터 14학년까지 고등학교, 대학 및 직업의 다양한 요소를 결합한 프로그램입니다. 학생들에게 최신 IT 분야의 디지털 기술을 교육해 미래의 안정적인 고용으로 이어질 수 있도록 노력하고 있죠.

P-TECH 프로그램은 전 세계적으로 무려 300개 이상의 학교에서 적용되고 있습니다. 600개 이상의 대기업과 중소기업들이 다양한 분야의 기술을 교육하는 학교와 협력하고 있죠. IBM은 2030년까지 수요가 많은 산업 일자리에 맞는 새로운 기술을, 모든 연령대의 사람에게 제공해 전 세계

3,000만 명의 구직자가 혜택을 볼 수 있게 하겠다는 글로벌 계획을 발표했습니다.

이 프로그램을 통해 IBM은 필요한 기술 인력을 확보하는 동시에, 사회적으로 의미 있는 일자리 창출에 기여하고 있습니다. 참가자들은 최신 기술을 배우고 실무 경험을 쌓으며, 빠르게 변화하는 직업 세계에 적응할 수 있는 역량을 키우게 됩니다.

IBM의 사례는 기업이 어떻게 AI 시대의 인재 육성에 기여할 수 있는지, 그리고 개인이 어떻게 새로운 기술 환경에 적응해나갈 수 있는지를 보여줍니다. 이는 지속적 학습과 적응력의 중요성, 그리고 산업계와 교육계의 협력 필요성을 잘 드러내고 있습니다.

'적응력=경쟁력, 평생 학습의 시대'라는 말은 단순한 슬로건이 아닙니다. 이는 AI 시대를 살아가는 우리 모두에게 주어진 과제이자 기회입니다. 우리가 이 도전을 어떻게 받아들이고 대응하느냐에 따라 우리의 미래가 결정될 것입니다. 끊임없는 호기심과 학습 의지, 그리고 변화에 대한 유연한 태도로 AI 시대의 주인공이 되어봅시다. 우리의 적응력과 학습 능력이야말로 AI가 결코 대체할 수 없는, 가장 인간다운 경쟁력이 될 것입니다.

AI시대에 더욱 중요한
윤리 의식

🔅 주요 AI 윤리 이슈와 대응 방안

AI 기술의 발전과 함께 다양한 윤리적 이슈가 제기되고 있습니다. 이러한 이슈들을 인식하고 적절히 대응하는 것이 AI 시대를 살아가는 우리의 중요한 과제입니다. 많은 기관과 단체, 협회와 정부에서는 최근 AI의 개발 및 이용과 관련된 가이드라인을 마련하기 위해 노력을 기울이고 있습니다.

OECD는 2019년 5월, 각료이사회(Ministerial Council Meeting)에서 인공지능 분야의 세계 최초의 정부 간 정책 합의인 AI 권고안을 만장일치로 채택했습니다. 권고안의 주요 내용은 ▲ 포용성과 지속가능성 ▲ 인간 가치와 공정성 ▲ 투명성과 설명가능성 ▲ 강인성과 안전성 ▲책임성을, 정책 권고 사항으로 ▲ 연구 개발에 대한 투자 ▲ 디지털 생태계 조성 ▲ 혁신을 위한 유연한 정책 환경 ▲ 인적 역량 배양 및 일자리 변혁 대응 ▲ 국제 협력 등입니다.

민간 차원의 논의는 더욱 빨랐습니다. 2017년, 백 명이 넘는 인공지능 분야의 저명인사들이 모여 23가지의 AI 연구 원칙을 세우고 서명했습니다. 학계와 엔지니어는 물론, 구글 공동창업자 래리 페이지를 포함한 기업인들을 합쳐 100명이 넘는 사람들이 회의에 참석했죠. 우주물리학자 스티븐 호

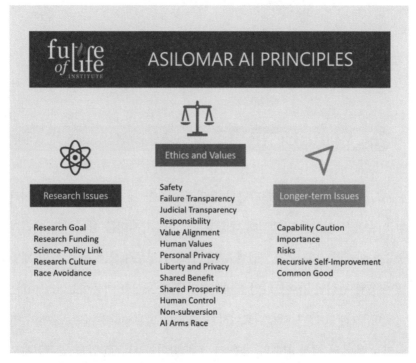

아실로마 AI 원칙. 연구 이슈(5개), 윤리와 가치(13개), 장기 이슈(5개) 등 총 3부분으로 구성되어 있습니다.

출처: https://blog.victoriaholt.co.uk/2020/01/asilomar-ai-principles.html

킹, 전기차업체 테슬라 최고경영자 일론 머스크, 세계 바둑 최강자를 깬 알파고의 개발책임자 데미스 허사비스 딥마인드 CEO, 레이 커즈와일 구글 기술이사 등 전문가 수백 명이 서명했는데, 이를 콘퍼런스가 열린 캘리포니아의 지역명을 본따 '아실로마 AI 원칙(Asilomar AI Principles)'라고 부릅니다. 현재까지도 연대 서명을 받고 있으며, 2024년 6월 기준, 5,720명의 사람이 서명에 참여했습니다.

이러한 가이드라인은 상황과 맥락에 따라 유연하게 적용되어야 하며, 기술의 발전과 사회의 변화에 맞춰 지속적으로 업데이트되어야 합니다. 또한, 이를 실제로 이행하기 위한 구체적인 방법과 도구들이 개발되어야 합니다. 예를 들면 AI 윤리 체크리스트, 윤리적 영향 평가 도구, AI 윤리 인증 제도 등을 도입할 수 있겠죠.

최근 들어 이 움직임은 직접적인 규제의 제정으로 이어지고 있습니다. 2024년 5월, 유럽연합(EU)은 'AI법'을 최종적으로 승인했습니다. 2021년 초안이 발의된 지 3년 만에 입법 절차가 완료되면서 올해 말부터 점차적으로 규제가 시행될 예정입니다.

이 법안은 AI를 위험도에 따라서 네 가지로 구분하고 차등 규제를 적용합니다. 의료와 교육, 선거, 자율주행 등에 사용되는 AI 기술은 고위험 AI로 분류되어 반드시 사람이 감독하고 위험 관리 시스템을 구축해야 합니다.

우리나라 역시 "AI 서울 정상회의" 등을 개최하고 인공지능 기본법을 논의하는 등의 움직임이 있지만, 내용이 다소 포괄적이고 실질적인 산업의 현황을 충분히 고려하지 못했다는 비판을 받고 있습니다. 치열한 AI 전쟁의 한복판에서, 사람들이 신뢰할 수 있는 AI를 위해 적절한 가이드라인과 규제가 필요할 것입니다.

💡 구글과 마이크로소프트의 AI 윤리 원칙 적용

빅테크 기업들은 AI 기술을 개발하면서 AI 윤리의 실천을 위해 'AI 원칙'을 수립하고 이를 실제 비즈니스에 적용하고 있습니다. 대표적으로 구글과 마이크로소프트가 있습니다.

마이크로소프트의 AI 윤리 원칙은 다음과 같습니다:

1. 공정성
2. 안정성과 안전성
3. 개인정보와 보안
4. 포용성
5. 투명성
6. 책임

구글 역시 AI 원칙을 세우고 AI 활용의 목적과 활용하지 않을 분야를 명시했습니다:

[AI 활용의 목적]

1. 사회적으로 유익해야 합니다.

2. 불공정한 편견을 만들거나 강화하지 않아야 합니다.

3. 안전성을 우선으로 설계되고 테스트되어야 합니다.

4. 인간을 위해 책임을 다해야 합니다.

5. 개인정보 보호 설계 원칙을 적용합니다.

6. 과학적 우수성에 대한 높은 수준을 유지합니다.

7. 구글 AI 원칙에 부합하는 용도로만 활용될 수 있어야 합니다.

[구글이 AI를 활용하지 않을 분야]

1. 전반적인 피해를 유발하거나 그럴 가능성이 있는 기술. 중대한 위험이 발생할 가능성이 있는 분야에서는 편익이 위험을 월등히 넘어서는 경우에만 AI 개발을 진행하고 안전을 위해 적절한 제한 조치를 마련할 것입니다.

2. 주요 목적 또는 실제 사용으로 인해 직접적으로 사람에게 상해를 입히거나 이를 유발하는 무기 또는 기타 기술.

3. 국제 규범을 위반하면서 감시 목적으로 정보를 수집하거나 사용하는 기술.

4. 일반적으로 인정되는 국제법 및 인권의 원칙에 위배되는 목적을 가진 기술.

이러한 원칙을 바탕으로 기업들은 윤리 위원회 운영이나 윤리적인 AI 개발 도구 제공, AI 학습 데이터의 다양성 확보와 투명성 제고 등의 노력을 기울이고 있습니다.

AI 윤리는 고정된 것이 아니라 계속해서 진화하는 개념입니다. 기술의 발전과 사회의 변화에 따라 새로운 윤리적 이슈가 등장할 것이고, 이에 대해서도 유연하게 대응할 수 있어야 하겠죠. 지속적인 학습과 토론, 그리고 실천을 통해 AI 윤리를 발전시켜나가는 것이 우리의 책임이라고 할 수 있겠습니다.

2장

포스트 휴먼 시대를 위한 버킷리스트, 지금 준비할 것들

인간다움의
재정의

🔆 AI 시대, '인간다움'이란 무엇인가

AI 기술의 급속한 발전은 우리에게 '인간다움이란 무엇인가'라는 근본적인 질문을 던집니다. AI가 인간의 능력을 빠르게 따라잡고, 심지어 일부 영역에서는 인간을 뛰어넘는 상황에서, 우리는 인간의 고유한 가치와 정체성에 대해 다시 한번 생각해볼 필요가 있습니다.

전통적으로 '인간다움'은 종종 논리적 사고, 문제 해결 능력, 정보 처리 능력 등과 연관되어왔습니다. 그러나 AI가 이러한 영역에서 놀라운 성과를 보이면서, 이런 능력들만으로 '인간다움'을 정의하는 것은 더 이상 적절하지 않게 된 것이죠.

AI와 인간은 근본적으로 다른 존재입니다. AI는 데이터를 기반으로 패턴을 인식하고 결과를 도출하는 데 탁월하지만, 인간은 직관, 창의성, 감정, 윤리적 판단 등 복잡하고 맥락 의존적인 영역에서 강점을 보입니다. 복잡한 맥락을 이해하고 다양한 요소를 통합적으로 고려하는 인간의 능력은 AI가 아직 완벽히 모방하기 어려운 능력입니다.

AI도 '창의적'인 결과물을 만들어낼 수 있지만, 인간의 창의성은 기존 패턴을 완전히 벗어난 전혀 새로운 것을 상상하고 창조할 수 있다는 점에서 차별화됩니다. AI가 감정을 시뮬레이션할 수 있게 되었지만, 진정한 감정 경험과 깊이 있는 공감 능력은 여전히 인간만의 영역입니다. 특히 복잡한 윤리적 딜레마 앞에서 가치 판단을 내리는 능력은 AI가 쉽게 모방할 수 없는 인간 고유의 특성입니다. 또한 인간은 복잡하고 깊이 있는 사회적 관계를 형성하고 유지할 수 있습니다.

AI 시대의 '인간다움'이 단순히 지적 능력이나 기능적 우위에 있는 것이 아니라, 보다 복합적이고 다차원적인 개념임을 알 수 있습니다. 이러한 새로운 '인간다움'의 정의는 AI와의 공존 시대에 우리가 나아가야 할 방향을 제시합니다. 우리는 AI와 경쟁하기보다는, AI가 잘하는 영역은 AI에게 맡기고 인간 고유의 능력을 더욱 발전시키는 데 집중해야 합니다. AI와 상호보완적인 관계를 구축하고, 더 나은 미래를 창조해나가려면 말입니다.

AI 기술의 발전으로 많은 일자리가 자동화되고 인간의 역할이 변화할 것으로 예상됩니다. 그러나 이는 인간의 가치가 감소한다는 의미가 아니라, 오히려 인간만이 할 수 있는 고유한 역할이 더욱 중요해진다는 것을 의미합니다. AI가 잘 하는 것과 인간이 잘 하는 것을 구분해서 볼 줄 알아야 한다는 뜻입니다.

🔆 인간 바둑기사 이세돌과 AI 알파고의 대국

2016년 3월, 인간 바둑기사 이세돌과 구글 딥마인드의 AI 바둑 프로그램 알파고의 대국은 AI 시대 인간다움의 의미를 재고하게 만든 상징적인 사건이었습니다. 단순한 게임의 승패를 넘어, AI와 인간의 능력 차이, 그리고 인간만의 고유한 가치에 대해 깊이 생각해보게 만들었습니다.

대국의 결과는 알파고가 4승 1패로 승리했지만, 4국에서 이세돌의 유일한 승리는 '신의 한 수'로 불리며 인간의 창의성과 직관력을 보여주었습니다. 이 대국을 통해 우리는 특정 영역에서 AI가 인간의 능력을 뛰어넘을 수 있다는 것을 명확히 인식하게 되었지만, 인간만이 가진 창의성과 직관력의 가치를 재확인할 수 있었습니다. 예측 불가능한 상황에서 인간의 독창적인 사고는 여전히 중요한 강점입니다.

이 대국 이후, 많은 바둑 기사들이 AI를 훈련 도구로 활용하기 시작했습니다. 이는 인간과 AI가 경쟁자가 아닌 협력자로서 함께 발전할 수 있다는 가능성을 보여주는 것이죠. 알파고와 이세돌의 대국과 그 이후에 일어난 일련의 일들은 AI 시대에 인간다움의 의미를 재정의하고, 인간과 AI의 관계를 새롭게 설정해야 할 필요성을 보여주었습니다.

공존과 경쟁의
딜레마

AI로 인한 일자리 변화 전망

인공지능 기술의 급속한 발전이 노동시장에 큰 변화를 가져오고 있습니다. 많은 사람들이 AI가 인간의 일자리를 대체할 것이라는 우려를 표명하고 있지만 AI로 인한 일자리 변화는 단순한 대체가 아닌, 더 복잡하고 다양한 양상을 띠고 있습니다.

AI 기술은 전체적인 산업 구조를 변화시킵니다. 일부 산업은 축소되거나 사라질 수 있지만, 새로운 산업이 등장하고 성장할 것입니다. 가장 직접적인 영향은 반복적이고 예측 가능한 업무의 자동화입니다. 제조업, 물류,

금융 등의 분야에서 많은 일자리가 AI와 로봇으로 대체될 것으로 예상됩니다. 세계경제포럼(WEF)의 보고서에 따르면, 2025년까지 8,500만 개의 일자리가 기계에 의해 대체될 것으로 전망됩니다.

동시에 AI 기술은 새로운 일자리를 창출합니다. AI 개발자, 데이터 과학자, AI 윤리 전문가 등 직접적으로 AI와 관련된 직종뿐만 아니라, AI를 활용한 새로운 비즈니스 모델과 서비스로 인한 간접적인 일자리 창출도 예상됩니다. 같은 WEF 보고서는 2025년까지 9,700만 개의 새로운 일자리가 생길 것으로 전망하고 있습니다.

많은 직업에서 AI가 일부 업무를 대체하면서, 인간 노동자의 역할은 변화하게 됩니다. 예를 들어 의료 분야의 경우에 AI가 진단을 보조하면서 의사는 더 복잡한 의사결정과 환자와의 소통에 집중할 수 있게 되겠죠.

오픈AI와 오픈리서치, 펜실베이니아대학교가 공동으로 대규모 언어 모델(LLM)이 노동시장에 미치는 영향에 대한 초기 조사를 진행했습니다. 챗GPT 등의 언어 모델이 노동시장에 미치는 영향을 연구한 이 논문에서, 직업 5개 중 1개, 그리고 업무의 절반 이상이 AI의 영향을 받는다는 결과가 나왔습니다.

금융과 의료, 소매, 마케팅 분야는 이미 직접적으로 영향을 받고 있으며 특히 고임금 두뇌 노동 분야의 직업은 타격이 불가피한 것으로 나타났습니다. 운동선수나 요리사, 목수 등 34개 직업이 영향을 적게 받는 것으로 나타났죠.

이러한 변화는 불가피하게 일부 근로자들에게 불안과 두려움을 안겨줄 수 있습니다. 하지만 이는 동시에 새로운 기회가 되기도 합니다. 중요한 것

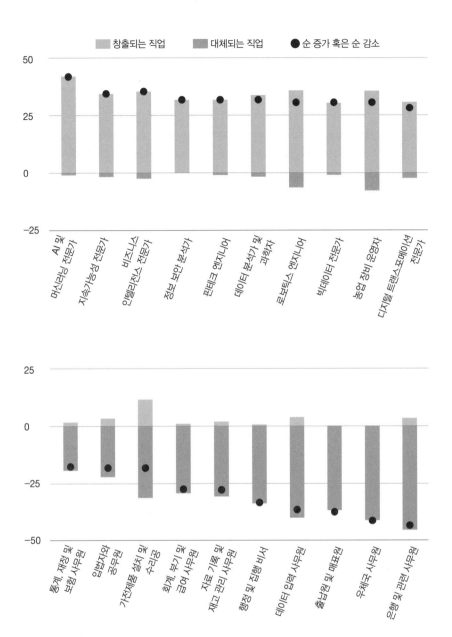

세계경제포럼이 조사한 일자리의 미래. 창출되는 직업과 대체되는 직업에 대해 이야기합니다.

출처: https://sdf.or.kr/m/newsletter/10000001221

은 이러한 변화에 어떻게 대응하고 준비하느냐가 될 것입니다.

🔆 아마존의 AI 도입으로 인한 물류센터 일자리 변화

아마존의 사례는 AI와 자동화 기술이 일자리에 미치는 영향을 잘 보여 줍니다. 아마존은 물류 센터에 AI와 로봇 기술을 적극적으로 도입하여 업무 효율성을 크게 향상시켰습니다.

아마존은 오랫동안 AI와 로봇을 활용한 업무 자동화를 시도했습니다. 2012년 '키바 시스템스(Kiva Systems)'를 인수하면서 운반 로봇의 업무 적용 가능성을 타진하기 시작했죠. 아마존의 물류 센터에는 수만 대 수준의 로봇 '키바(KIVA)'가 근무하고 있습니다. 상품 운반을 할 수 있는 로봇으로, 로봇 청소기와 비슷한 생김새에 무려 1.4톤까지 운반이 가능합니다.

키바 도입 전후의 변화는 큽니다. 기존에 60~75분이 소요되었던 물류의 순환 속도는 직원들이 직접 뛰어다니며 물품을 찾는 시간을 줄이면서 약 15분으로 20~25% 수준으로 크게 줄었습니다. 공간의 활용도는 50% 이상 향상되었죠.

미국 텍사스주 휴스턴에는 '세쿼이아(Sequoia)'라는 로봇 시스템을 도입했습니다. 세쿼이아는 창고에 보관되어 있는 상품의 인출을 지원하는 시스템으로, 모바일 로봇과 갠트리 시스템, 로봇 팔, 직원용 워크스테이션 등으로 구성되어 있습니다.

세쿼이아의 도입으로 물류 센터에 입고된 상품을 이전보다 75%나 더 빠르게 검사하고 보관할 수 있습니다. 주문 후의 처리가 최대 25%까지 효율적으로 수행되어서 주문한 상품의 배송 시기를 더 정확하게 예측할 수 있고, 하루 안에 배송할 수 있는 상품의 수도 늘어날 수 있습니다.

2023년 말에는 2족 보행하는 인간형 로봇인 '디지트(Digit)'의 시험 운영을 시작했습니다. 어질러티 로보틱스(Agility Robotics)가 개발한 휴머노이드 로봇으로 키 175cm, 몸무게 65kg로 인간과 비슷한 형태입니다. 디지트는 빈 재고 컨테이너를 들고 다음 사용을 위해 준비하는 단순 반복 작업을 맡았고, 당분간 인간과 섞여서 이 작업을 수행할 예정입니다.

이런 로봇 자동화의 도입은 인간 작업자들에게 어떤 영향을 미쳤을까요. 인간의 해고로 이어졌을까요? 결론부터 말하자면, 아니라는 것입니다.

아마존 임원은 2024년 4월 CNBC 인터뷰를 통해 "기술과 로봇이 일자리를 빼앗는다는 것은 '신화'이다"라고 말했습니다. 새로운 기술이 완전히 새로운 직업 범주를 창출할 수 있다고도 했습니다.

실제로 아마존은 새로운 기술의 도입으로 유럽에 있는 자사의 풀필먼트 센터 전체에서 5만 개 이상의 일자리가 증가했다고 밝혔습니다. 아마존에게 있어서 로봇과 기술은 직원들을 효과적으로 일할 수 있도록 돕고, 새로운 기술과 역량을 배워서 더 높은 경력 목표로 나아갈 수 있도록 지원하는 존재라고 언급하기도 했습니다.

아마존의 사례는 AI로 인한 일자리 변화가 단순한 대체가 아닌 복합적인 과정임을 보여줍니다. AI와의 공존과 경쟁은 우리 시대의 가장 중요한 과제 중 하나입니다. AI의 발전은 불가피하게 일자리 지형의 변화를 가져올 것이지만, 이는 위협인 동시에 새로운 기회이기도 합니다.

결국 생각하는 능력,
기획력이 중요하다

AI 시대를 맞이하여 인간의 역할과 가치에 대한 재정의가 필요한 시점입니다. 기술의 발전으로 많은 영역에서 AI가 인간의 능력을 뛰어넘을 수도 있겠지만, 여전히 인간만이 가진 고유한 능력이 존재합니다. 그중에서도 가장 중요한 것은 바로 생각하는 능력, 특히 기획력입니다. 단순히 정보를 처리하거나 패턴을 인식하는 것을 넘어, 창의적이고 비판적으로 사고하며 새로운 가치를 창출해내는 능력입니다.

4차 산업혁명이라는 말을 처음으로 제시한 세계경제포럼(WEF, World Economic Forum)에서는 2년마다 미래의 일자리에 대한 보고서를 발표합니다. 기술의 변화에 따라 다양한 관점들을 제시하는데요. 2024년에 발표

된 보고서에서는 2025년까지 중요성이 급증할 10가지 스킬 목록을 발표했습니다. 이 기술들을 크게 4가지로 나누어서 제시했는데요. 4가지는 다음과 같습니다.

1. 문제해결능력
2. 자기관리
3. 사람들과 함께 일하기
4. 기술 활용 및 개발

어떠신가요? 여러분이 생각하셨던 방향인가요? 우리는 기술이 변화한다고 생각하면 기술 자체에 몰입하게 됩니다. 하지만 더욱 중요한 것은 그 기술을 다루는 인간에 대한 접근이라는 것이 세계경제포럼이 우리에게 이야기하고 싶었던 메시지입니다. 어떤 기술이 발전하더라도 결국 그 기술을 다루는 것은 사람이기 때문입니다.

기술 자체에 대한 학습도 중요하지만, 기술을 함께 다루고 소통하는 바로 내 옆 사람, 옆의 동료, 그들과 함께 토론하고 문제를 고민하며 새로운 기술을 통해 문제를 풀어가는 것. 결과를 회고하며 내 스스로를 성장시키는 것. 그것이 AI 시대 우리에게 필요한 궁극적 능력이라는 것이죠.

이러한 AI시대, 우리가 더욱 더 인간다워질 수 있는 끊임없는 고민과 성찰이 필요한 시기입니다. 우리가 할 수 있는 다양한 질문 중 함께 고민했으면 하는 5가지 질문을 마지막으로 제시합니다.

1. 기술 발전 속에서 우리가 지켜야 할 인간의 고유한 가치는 무엇인가?

2. AI와 인간의 관계를 어떻게 설정해야 하는가?

3. 인간다움을 지키면서도 기술의 혜택을 최대한 활용할 수 있는 방법 은 무엇인가?

4. 미래 세대에게 어떤 교육을 제공해야 하는가?

5. AI 시대에 걸맞은 새로운 윤리 체계는 무엇인가?

AI 시대에 인간의 역할은 더욱 고차원적이고 복잡해질 것입니다. 단순 히 정보를 처리하거나 규칙을 적용하는 것을 넘어, 창의적이고 윤리적인 사 고를 통해 새로운 가치를 창출하고 더 나은 미래를 설계하는 것이 우리 인 간의 몫입니다.

KI신서 12998

적게 일하고 많이 버는 AI 워커스

1판 1쇄 발행 2024년 8월 28일
1판 2쇄 발행 2024년 10월 2일

지은이 김덕진 김아람
펴낸이 김영곤
펴낸곳 (주)북이십일 21세기북스

인생명강팀장 윤서진 **인생명강팀** 박강민 유현기 황보주향 심세미 이수진
디자인 표지 오디자인스튜디오 **본문** 푸른나무디자인
출판마케팅팀 한충희 남정한 나은경 최명열 정유진 한경화 백다희
영업팀 변유경 김영남 강경남 황성진 김도연 권채영 전연우 최유성
제작팀 이영민 권경민

출판등록 2000년 5월 6일 제406-2003-061호
주소 (10881) 경기도 파주시 회동길 201(문발동)
대표전화 031-955-2100 **팩스** 031-955-2151 **이메일** book21@book21.co.kr

ⓒ 김덕진·김아람, 2024

ISBN 979-11-7117-776-9 (13000)

(주)북이십일 경계를 허무는 콘텐츠 리더

21세기북스 채널에서 도서 정보와 다양한 영상자료, 이벤트를 만나세요!
페이스북 facebook.com/jiinpill21   **포스트** post.naver.com/21c_editors
인스타그램 instagram.com/jiinpill21   **홈페이지** www.book21.com
유튜브 youtube.com/book21pub

서울대 가지 않아도 들을 수 있는 명강의! 〈서가명강〉
'서가명강'에서는 〈서가명강〉과 〈인생명강〉을 함께 만날 수 있습니다.
유튜브, 네이버, 팟캐스트에서 '서가명강'을 검색해보세요!